理解
·
现实
·
困惑

让核心素养教育走进幼儿园

Critical thinking
审辩思维能力

Creativity
创造力

Citizenship
社会意识

5C 核心素养

Communication
沟通交流能力

Collaboration
合作能力

心理学家的幼教课

幼儿园里的核心素养课

〔美〕李文玲　主编

中国纺织出版社有限公司

内 容 提 要

在"零起点"入学、学前阶段"去学科"教育的现状下，幼儿园教师应该教什么，孩子应该学什么，心理学家在本书中给出了更好的早教建议。本书作者是国际知名心理学者，基于基础理论研究、实践研究与一线教学指导经验，提出儿童的5C核心素养教育理念，通过整合型人文教育课、科学艺术课的设计，配合儿童生理、心理发展的特点，提出了大量切合实际的教学方案与指导意见。书中通过对理论的解读、对课程设计理念的阐释以及真实的课例，让面对0~6岁婴幼儿教育的老师和家长有了更明确和直接的指导。生动活泼且易于操作的绘本整合课程、创意科学课程等，让核心素养教育真正从心理学、教育学理论，走进了真实课堂。

北京市版权局著作权合同登记号：图字 01-2021-6529

图书在版编目（CIP）数据

心理学家的幼教课. Ⅰ，幼儿园里的核心素养课 / （美）李文玲主编. -- 北京：中国纺织出版社有限公司，2022.3

ISBN 978-7-5180-8977-2

Ⅰ. ①心… Ⅱ. ①李… Ⅲ. ①学前教育—教育心理学 Ⅳ. ①G44

中国版本图书馆CIP数据核字（2021）第212512号

责任编辑：关雪菁　刘宇飞　　　责任校对：高　涵
责任印制：何　建

中国纺织出版社有限公司出版发行
地址：北京市朝阳区百子湾东里 A407 号楼　邮政编码：100124
销售电话：010—67004422　传真：010—87155801
http://www.c-textilep.com
中国纺织出版社天猫旗舰店
官方微博 http://weibo.com/2119887771
北京华联印刷有限公司印刷　各地新华书店经销
2022年3月第1版第1次印刷
开本：787×1092　1/16　印张：16.5
字数：205千字　定价：68.00元

凡购本书，如有缺页、倒页、脱页，由本社图书营销中心调换

名家推荐

张厚粲

教授，北京师范大学心理学部

  喜闻我的学生李文玲教授再著新作，甚为欣喜。她与舒华教授编著的《儿童阅读的世界》丛书取得了社会的广泛赞誉后，又与赵微教授共同编写了这套《心理学家的幼教课》。这套书通过心理学家的视角，对当下的婴幼儿教育、幼儿园课程设计、科学幼小衔接、家园共育等热门话题给出了解答。难能可贵的是，书中不再只是枯燥的心理学理论、空中楼阁般的指导意见，两位学者基于实践，提供了一整套行之有效的、可以向教学一线转化的科研成果，我读起来都兴趣盎然。比如，《心理学家的幼教课Ⅰ：幼儿园里的核心素养课》中提到如何让核心素养教育走进幼儿园课程，如何将一本简单、精美的绘本拓展为长达一周的综合课程。《心理学家的幼教课Ⅱ：幼儿园里的学习力衔接课》中提到如何在"零起点"政策的指导下，帮助幼儿完成从行为习惯到基础学习力的充分准备，如何通过创新的"视听动课堂"的创建，帮助幼儿实现科学的幼小衔接。这些问题都是一线教育工作者普遍面临的困惑与难题。非常期待这套书的出版，它可以为我国婴幼儿教育提供更有活力和创造力、更符合婴幼儿身心发展的教学模式。让我们的孩子获得更高质量教育的同时，拥有更快乐、自由的童年。

理查德·安德森（Richard C. Anderson）
教育学和心理学荣誉退休教授，美国伊利诺伊大学香槟分校

　　婴幼儿教育需要心理学家的指导，我很高兴能读到《心理学家的幼教课》这套书。对于孩子的学习，我们应更多关注培养能力，而不仅是传授知识。书中大量关于核心语言发展的内容尤其重要，融合人文教育和STEAM教育的学前课堂理念令人耳目一新。我相信本套书中以心理学为基础开发的教学原则、教案、评估和一体化的教学设计，将是所有学前教育工作者和家长的优秀资源。

舒　华
教授，北京师范大学认知神经科学与学习国家重点实验室

　　师范院校师生、幼教老师以及幼儿家长都非常热切地想要了解：幼儿在入学前是否要进入正规学习？应该学习什么？采用哪种教学方法更适合幼儿？这套《心理学家的幼教课》正是为你们而写。本书与其他幼教图书有明显的不同：本书从心理学的角度阐述了幼儿阶段核心素养培养的重要性及实施途径；书中关于幼儿人文教育、科艺教育整合课堂的教学设计及教学方法是很实用的创新；更为可贵的是，本书还提供了丰富的教学范例和可操作的游戏活动。我想只有这样的书才能满足教师和家长共同关心的幼教问题，对师范院校师生、幼教老师、家长理解如何从小培养未来社会需要的人才具有重要的启发意义。

雷吴润英（Belinda Y Louie）

教授，华盛顿大学塔科马分校

  李文玲教授主编的《心理学家的幼教课》，大众急需且及时。李教授凭借她在阅读方面的深厚研究基础以及她个人的跨文化经验，通过幼儿教育的"全儿童"理念，为如何培养信息时代的未来人才提供了有效且实用的方法。丛书开辟了一条从身体、心理、情感和认知层面养育一个健康孩子的清晰路径，为教育工作者和家长提供了必要的指导。

王湘蓉

光明日报《教育家》杂志主编

  儿童像刚探出头的鲜嫩的绿芽，对世界充满着好奇，他们用眼睛观察世界，用行动探索世界，用心灵感受世界。他们不仅需要爱和陪伴，还需要足够的理解和耐心，更需要教育者从促进他们自身成长的角度出发，做好理论和实践研究。针对儿童教育的理论研究，心理学家的研究非常关键，由李文玲、赵微两位教授主编的《心理学家的幼教课》丛书，依循儿童身心发展特点，求解儿童教育，对儿童成长过程中的一系列问题给出了心理学家的思考，并提供了有效的育儿指导。这套丛书打开了儿童教育研究的一扇窗，让我们看见儿童，看见更为生动的儿童世界。

罗 坤

陕西师范大学实验小学教育共同体总校长，中国少先队工作学会副会长，陕西省少工委副主任

二十多年的小学教育工作让我切实感受到了"良好开端"的重要性，因此饱尝了"幼儿园小学化"催生早熟的苦果，经历了"去小学化"后家校不知所措的迷茫，惊愕于社会上"幼小衔接班"的疯狂，也深思过我们多年强调入学前良好的行为习惯与学习习惯的培养，为什么仍然有很多小学生难以适应小学生活？这个问题一度困扰着我，百思不得其解。看到《心理学家的幼教课》这套书，我豁然开朗，原来真正影响幼小衔接的关键要素是儿童早期核心素养的养成、前学习经验的准备、基础学习力的发展。书中给予老师和家长很多具体且实用的指导建议，值得广大幼儿园教师、小学教师和家长认真阅读。

张守礼

北京奕阳教育董事长

幼小衔接问题已经成为当代中国家庭的核心焦虑之一，问题形成的主要原因在于：一是幼儿园和小学学习安排的分立，二是对儿童核心素养发展的认识及路径没有形成完整的年龄阶梯体系。最近出台的双减政策（《关于进一步减轻义务教育阶段学生作业负担和校外培训负担的意见》），改变了小学初段的学习安排，通过强调"小幼衔接"来缓解衔接压力，这无疑是非常正确的举措，但幼小衔接的真正解决还需要从更深层次儿童学习本身的规律出发，来安排幼儿园和小学的整体教学。李文玲老师和赵微老师主编的这套丛书，基于多年的认知心理学研究，正本清源，建构出一条更为清晰的从幼儿园到小学的儿童学习发展之路。相信本丛书对于幼儿园和小学初段的家长、教师都有着极强的指导意义。

总 序

当心理学家走进幼儿园，会带来怎样的教育改变？

李文玲
教授、博士生导师
美国 5C 教育研究院院长

2016 年，我与张厚粲、舒华老师共同主编了《儿童阅读的世界》（全四卷），从心理语言学、生理机制、教育心理学以及实践应用四个方面，系统地阐述了中文儿童阅读的研究全貌。参编该丛书的大多数作者都是多年从事中文儿童阅读研究的心理学家，也是心理学界第一次汇集全球有关中文儿童阅读的研究成果与读者分享。这套丛书有幸入选《中国教育报》2017 年年度"影响教师的 100 本书"TOP10，得到了许多读者的赞誉。

与此同时，越来越多的教育研究者、一线教师也对研究者们提出了进一步的需求，希望心理学家能为从事一线教学的幼教工作者写一套可以提升幼儿教育的指导性用书。这也是《心理学家的幼教课》这套书出版的渊源。

很多幼教老师经常会问我：应该如何理解"零起点"入学的新政策？心理学家们可以为幼儿教育提供哪些有效指导？在"去学科教学"后，到底如何科学地完成幼小衔接的工作？核心素养教育和思维教育，能不能走进幼儿园的课堂……在这里我也尝试着做一个简短的回应，希望《心理学家的幼教课》这套书能为更多的幼教老师提供一些新的教学理念以及方法上的指导。

"零起点"不等于"零准备"

很长时间里，似乎我们身边的每个孩子都在应付各种各样的考试，家长不希望自己的孩子"输在起跑线上"，从孩子一出生就开始准备各种助学工具，提前进入竞技跑道。这种压力也无形地为幼教工作加码，"幼儿园的小学化"从教学内容到教学形式，都没有考虑幼儿身心发展的特点。实践也证明，这种超前学习、超标学习不仅不能让孩子成功领跑，还会适得其反，带来更多的学习问题和心理健康问题。

"零起点"入学、"双减"政策的提出，为家长和孩子减负的同时，也给教育工作者提出了迫切需要解决的诸多问题——当幼儿进入幼儿园后，到底应该学习什么？怎么学习？"零起点"是否意味着对知识性内容教学的一刀切？"去小学化"的幼儿教学尺度到底在哪里？我们应该让即将走入小学的孩子们，做好哪些心理和生理的衔接准备？

幼儿教育绝非"零教育""零准备"，2001年教育部颁发的《幼儿园教育指导纲要（试行）》（以下简称《纲要》）便已提出，幼儿园教育包括健康、语言、社会、科学、艺术五个方面的教育内容及目标，如何具体落实《纲要》中提及的"尊重发展规律""以游戏为基本活动""促进个性发展"等原则，心理学家或许可以给出一部分解答，为一线教师提供一套适合幼儿发展的、符合幼儿教学目标的课程体系。

为什么核心素养课应该走进幼儿园？

不能"小学化"了，怎么办？素质教育的再次回归，其实是一种观念与方法的升级，对一线教师、教育研究者和管理者提出了更大的挑战。核心素养，为我们正确理解素质教育提供了一个窗口。核心素养，是学生在接受相应学段的教育过程中逐步形成的、适应个人终身发展和社会发展需要的必备品格和关键能力。世界各国都纷纷制定了配合教育体系的核心素养标准，我国的《中国学生发展核心素养》于 2016 年发布，总体框架包括文化基础、自主发展、社会参与三大方面，综合表现为人文底蕴、科学精神、学会学习、健康生活、责任担当、实践创新六大素养。目前，基于中小学生的核心素养教育已经逐步开展，而针对幼儿园孩子的核心素养培育，却并没有更适合的课程体系和评价标准。结合 2021 年 3 月教育部印发的《关于大力推进幼儿园与小学科学衔接的指导意见》（以下简称《指导意见》）中提出"科学的双向衔接"的需求，如何让幼儿园教育吸收核心素养教育的优势（在上册《幼儿园里的核心素养课》中可以找到部分答案），如何在小学学科教学之前，通过创新的"视听动课堂"，帮助孩子形成基础学习力的储备（在下册《幼儿园里的学习力衔接课》中可以得到启发），在这套书中均可找到科学的结论和有效的指导建议。

如何从心理学家的视角设计幼儿园课程？

过去，无论是中小学还是幼儿园，课程设计专家大部分是学科教育专家、教育学家，他们擅长对知识体系的解析，制定相应的知识点、课程目标和评估标准。心理学家的出发点则不同，他们从儿童心理、生理的发展特点出发，特别强调能力的培养，强调对儿童发展阶段的评估，强调了解儿童群体整体特征的同时，关注个体个性发展。

也因此，心理学家设计出的课程特别具有"整合性"。例如，当幼儿阅读绘本的时候，传统的绘本教学可能更侧重故事和文本本身，而基于心理学理论的绘本课，将以语言内容为主的教学内容延展到科学、艺术、健康、社会等领域，使其成为整合的教学内容，帮助幼儿学会理解、分析、推理、整合、反思及创新，让孩子用语言表达对故事的理解、看法，并创造性地应用所学的知识。

这些教学目标对从事幼儿教学的教师提出了更高的要求，教师不仅要会讲解有趣的故事，还要能通过有效的教学方法，如有效的提问、互动、手工制作、表演等活动设计，帮助幼儿提高他们的语言、认知和思维能力（如审辩思维和创造力）。从"一本书"到"一堂课"，培养孩子对学习的兴趣，形成良好的思维习惯，让孩子愿意分析问题和寻找最佳解决方案，那么他们在入学后自然就能够应对学习和生活带来的各种挑战。

这里还要回应一个很常见的问题，幼儿园到底应不应该开设阅读课？《纲要》对幼儿的语言教学提出了明确的听、说、读、写❶的教学目标，但很多老师不敢教生字，担心背上"小学化"的标签，这就有些因噎废食，阅读教育的核心不是为了"识字"，而是一种素养教育、思维教育，这也是教育观念的另一种升级，如何科学地融合好"阅读"与"去小学化"和"去学科化"，心理学家的整合型素养课程，或许可以给出不一样的答案。

什么是整合型素养课？

"去学科化"其实是一种更高要求的整合教育，结合我国学生核心素养标准和幼儿教育教学要求，我们提出了旨在培养5C核心能力的整合型素养课程，这里的"5C"指的是审辩思维能力、创造力、合作能力、沟通能力和社会意识。结合当下幼儿教学实际，我们在幼儿园课程设计领域，提出了人文教育（以语言和阅读为平台）加之科艺教育（以科学艺术为媒介）的整合素养课程体系。

该课程体系是基于心理学教学原则而设计的。只有理解原理（是什么、为什么），才能知道并举一反三地实践（怎么办）。比如，一册绘本的教学就是依据一个主题而设计的整合课程，它涉及的领域有科学、艺术、语言、健康等，配上各种游戏活动，达到培养幼儿核心素养以及良好行为习惯的目的。如果没有原理和基础方法的学习，教师往往会在实践过程中迷失方向，为此，我们提供了完善、有效的阅读五步教学法和科艺课程的教学步骤，为幼教老师提供课程设计的理论支撑和实践指导。

---

❶ 这里的"读"和"写"，指的是"利用图书、绘画和其他多种方式，引发幼儿对书籍、阅读和书写的兴趣，培养前阅读和前书写技能"。

如何使用《心理学家的幼教课》

在幼儿教育中，心理学起着至关重要的作用，如幼儿教育教学目标的设定、幼儿教学课程设计、幼儿教学方法、幼儿能力发展的评估等都需要心理学的指导。在这套系列丛书中，我们正是从幼儿心理发展的特点出发，为幼教工作者及家长讲解幼儿的发展需求、幼儿身心的发展特点；了解幼儿应该何时开始学习、应该如何去学习、如何有效地培养和提升幼儿的核心素养等。该丛书共有两册：《心理学家的幼教课Ⅰ：幼儿园里的核心素养课》和《心理学家的幼教课Ⅱ：幼儿园里的学习力衔接课》。

在《心理学家的幼教课Ⅰ：幼儿园里的核心素养课》中，我们分别围绕人文教育和科艺教育两个线索讲解了幼儿核心素养教育在幼儿园环境中的实践。在第一部分中我们介绍了人文教育，以幼儿语言能力的发展为平台，详细地探讨了幼儿口语和书面语言的发展，说明了幼儿绘本教学的相关理论、课程设计和教学方法。不仅将国内外最先进的理念介绍给大家，同时提供了符合幼儿语言发展的课程、教学方法及教学实例，帮助教育工作者更好地理解有关的教学理论和教学原则；在第二部分中我们介绍了科艺教育，从0~3岁托育教育和3~6岁幼儿教育两个板块，分别论述了科艺教育理论及教学实践，并且从艺术和科学等方面给大家提供了大量的实例，帮助教师们了解如何更为有效地通过科艺课程培养幼儿的核心素养；在第三部分，我们增加了三个不同的测评标准，这些标准可以帮助教师和家长更好地评价孩子的成长，有的放矢地提供教育和帮助。需要特别注意的是，专业心理测评是一项技术含量很高的工作，本书提供的测评工具只是一种说明和比照表，测评的实施需要受过专业训练的人员来操作，对结果的解释同样需要咨询专业人士。

在幼儿学前发展过程中，一个重要的教育目的就是入学准备。为了让幼儿能够顺利地从幼儿园进入小学，就要根据小学的教育目标及要求检查幼儿是否为小学入学做好了准备。赵微老师领衔主编的《心理学家的幼教课Ⅱ：幼儿园里的学习力衔接课》，分别从幼儿入学前行为习惯、社会性发展、幼儿基础学习力以及相应测评等角度，翔实地介绍了如何帮助幼儿为入学做好各种准备。

通过理论说明、案例解读及相应的教育建议，用深入浅出的讲解帮助幼教老师及家长认识儿童入学准备内容背后的原理，提高科学入学准备教育的自觉；创新性地提出"视听动课堂"实践的基础学习力培养思路，为教师和家长提供了更为明确、可行的教育指导。

总之，我们希望从心理学家的角度，为我国学前教育注入一些新的教育理念及教学方法，为我们一线的幼教老师、教育工作者及家长提供教学及相应的幼儿成长指导，提供一种新的探索和尝试。

目录
CONTENTS

PART ONE
幼儿园里的核心素养课一：人文教育课 / 1

第 1 讲　幼儿核心素养课一：人文教育课 / 3

第 2 讲　口语课——幼儿口语习得与核心素养 / 29

第 3 讲　阅读课——幼儿绘本教学新模式 / 50

第 4 讲　书写课——幼儿书写能力的准备 / 80

PART TWO
幼儿园里的核心素养课二：科艺教育课 / 91

第 5 讲　幼儿核心素养课二：科艺教育课 / 93

第 6 讲　创意课——3~6 岁幼儿的创意科学游戏 / 111

第 7 讲　艺术课——3~6 岁幼儿艺术教育与核心素养 / 122

第 8 讲　婴幼儿创意课——0~3 岁孩子的游戏 / 146

第 9 讲　婴幼儿艺术课——以 0~3 岁孩子的音乐教育为例 / 163

PART THREE

幼儿园里的测评工具箱：婴幼儿能力的发展与评估 / 177

第 10 讲　幼儿园里的测评工具箱一：
　　　　　0~3 岁婴幼儿能力发展与评估 / 179

第 11 讲　幼儿园里的测评工具箱二：
　　　　　3~6 岁幼儿能力发展与评估 / 207

第 12 讲　幼儿园里的测评工具箱三：
　　　　　3~6 岁幼儿语言能力发展与测评 / 230

参考文献 / 245

PART ONE

幼儿园里的核心素养课

人文教育课

第1讲　幼儿核心素养课一：人文教育课 / 3

第2讲　口语课——幼儿口语习得与核心素养 / 29

第3讲　阅读课——幼儿绘本教学新模式 / 50

第4讲　书写课——幼儿书写能力的准备 / 80

> **导 读**
>
> 幼儿核心素养的培养是我国教育的基本方针,而实现这一教学目标就要从幼儿教育开始,最有效的途径就是"整合课程"。在幼儿阶段,人文教育的整合课程指通过语言学习的平台,将多学科的教学目标整合在一起,实现培养幼儿核心素养的目标。

第1讲

幼儿核心素养课一：人文教育课

一、什么是核心素养

核心素养（Core Literacy）是学生在接受相应学段教育的过程中，逐步形成的、适应个人终身发展和社会发展需要的必备品格和关键能力。进入21世纪，为了适应未来社会发展对人才的需求，世界经济合作与发展组织（OECD）、欧盟、联合国教科文组织等国际组织，美国、英国、新加坡、澳大利亚、芬兰等国家，先后设计出"学生核心素养"框架内容体系。

近年来，尽管芬兰教育已取得了举世瞩目的成就，但芬兰教育界仍然对当下教育体系不断进行着反思。芬兰教育提出，学校教育应该教给孩子未来生活所需的技能，而不仅仅是提高学生的考试成绩。从教育发展的大趋势来看，培养孩子了解世界、认识世界以及解决问题的能力是各国教育的共识。为了让学生具备应对未来挑战的能力，新的课程改革将重点放在通过跨学科的整合教学，培养学生的综合素养。新课程改革的核心包括：积极的情感体验、协同工作与互动、强化培养学生的创造能力、强调学习的乐趣和主动性、重点培养学生的核心素养。

《中国学生发展核心素养总体框架》于2016年9月13日发布，包括文化基础、自主发展、社会参与三大方面，综合体现了人文底蕴、科学精神、学会学习、健康生活、责任担当、实践创新的六大核心素养。

整合全球核心素养概念，结合一线教育工作的实际，为了更好地量化核心素养这一概念，让教育工作者获得可供实践操作的抓手，我和我的研究团队将核心素养总结为"5C核心素养模型"（见图1-1）。

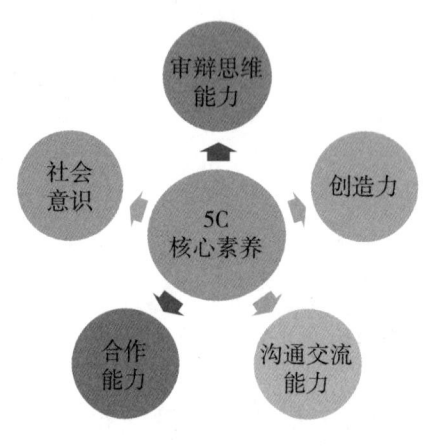

图 1-1　5C 核心素养模型

1C-审辩思维能力（Critical Thinking），是学生有目的地对高级思维技能的应用，如分析、推理、整合、评价能力和问题识别、解决问题的能力。它已成为 21 世纪人才的重要能力之首。

2C-创造力（Creativity），是指以联想、理解等能力为基础，以综合性、探索性、求新性为特征的高级心理活动。它和审辩思维能力一样，是我们教学改革的重点。

3C-沟通交流能力（Communication），是一种可以将信息用口头语言、非言语或书面语言的形式有效、清晰地传递给他人，并能够接受和理解对方传递信息的能力。学习有效沟通的技巧可以帮助人们建立信任和尊重，有助于解决分歧。缺乏良好的沟通能力，就无法高效地与他人合作、创造团队的最大价值。

4C- 合作能力（Collaboration），是一种通过多人协作或小组互动共同完成某项任务的能力。合作能力是未来职业成功必备的核心能力之一。

5C- 社会意识（Citizenship），是每一个个体对自己在社会中地位的自我认知，包括对社会地位、权利、责任和基本规范的意识。社会意识虽然不是我们通常提及的"能力"概念，但它却是核心素养培养过程中不可或缺的元素。

在5C核心素养模型中，核心能力之间的关系密不可分、相互依存。比如，沟通交流能力强调的是交流，基础是人类的语言能力，对语言的精准理解和流畅表达，能够大幅提高沟通的有效性；审辩思维和创造力都属于高级思维，是人们对信息加工的能力，如分析、推理、整合、评价，高级思维能力有助于语言的深层理解，可以提高语言表达的逻辑性和创新性，进而促进沟通交流能力；同时，良好的沟通交流能力也能促进多人协作及互动，有助于更好地理解人与人的关系、人与社会的关系，提高社会意识。

二、幼儿核心素养与人文教育

幼儿教育的目的是发展幼儿的核心能力，培养幼儿了解世界、认识世界以及解决问题的能力。有效的课程设计会让幼儿不断地实践、思考，获得审辩、创新、沟通、合作等能力。而核心能力的培养需要通过整合课程来达成，整合课程设计的途径可以分为两种：一种是人文整合课程，另一种是科艺整合课程。同时，人文整合课程与科艺整合课程又有交叉，只是出发点和重点各异。

人文整合课程是指以语言文化为平台，旨在培养幼儿核心能力的课程系统。0~2岁婴幼儿的主要学习任务是语言能力的开发，特别是其口语能力的开发；到了2~6岁，幼儿开始接触书面语言，在这个阶段，最好的语言文化平台就是幼儿绘本。人文教育中的整合课程就是以幼儿绘本为平台，将多学科、不同主题的内容有效整合起来，通过问题引导、探究学习、互动合作等主动学习的教学理念，达到培养儿童核心素养的目的，将儿童培养成为一个主动的学习者、探索者和思考者。基于儿童教育心理学的研究，幼儿人文教育的整合课程可以归纳出五大教学原则（见图1-2）。

图 1-2 幼儿人文教育的五大教学原则

（一）倡导项目式学习

项目式学习（Project-Based Learning）是通过主题引出问题，结合实际生活引导学生进行深入研究和调查，最后实现问题解决的一种教学和学习模式。项目式学习的一个关键特征是：项目不只专注学习某些知识，而是希望学生通过"做"获得学习技能。在学习过程中，学生要与同伴合作，通过大脑风暴分享经验和想法，提出问题解决的方案，这种教学模式可以提高学生的参与度，帮助学生获得高级思维能力，比如审辩思维能力；在项目式学习的后期，学生在解决问题的同时，还会进行创意制作，如绘画、手工、表演等，这种教学的设计又培养了学生的创造力和表达能力。研究表明，学生将知识应用于生活有助于他们对知识产生更深层次的理解。在传统教学中，"学生做完作业，交给老师评分"，学生没有机会将知识应用于实践，学习效果往往不尽人意。

项目式学习在儿童教育中的优势

- 可以提高学生的学习兴趣；
- 可以提高学生的学习效率：在同一个课堂，可以同时学习数学、科学和阅读；
- 可以提高学生的参与度：概念学习与实际生活相结合，使学生更积极地参与课堂。项目式学习需要教师创建更具有挑战性、有趣、有意义的任务，帮助学生联结多学科信息；

- 提高学生学习的主动性；
- 增进学生的多项能力：例如，在项目式学习中，教师更注重学生学习策略的培养，而这些策略有助于提高学生的高级思维能力，如审辩思维能力、创造力等；
- 增加学生的合作意识；
- 培养学生的心理韧性，通过"做"丰富学生对失败和成功的体验。

项目式学习以学生为中心，它强调将学习项目与跨学科知识进行整合，提高学生的学习能力，尤其是审辩思维能力和创造力。项目式学习是"教、学、做"合一的学习方式，其教学内容将学习和生活联系起来，提出的问题往往和生活相关，任务富有挑战性、相对复杂，在问题和任务解决的过程中，让学生去探索、去合作，最终达成教学目标。具体在中文课堂中，中文的项目式学习与传统教学存在诸多不同（见表1–1）。

表1-1 中文课堂中的项目式学习与传统中文教学的比较

条目	中文课堂中的项目式学习	传统的中文教学
教学目标	技能	语言文字
教学内容	理论与实践相结合	基于文本内容的教学
教学方法	主动学习（探究、动手操作）	以教师为中心

（二）鼓励提问式学习

基于提问和质疑的提问式学习（Inquiring-Based Learning）鼓励小朋友在探究中学习，它强调学生在学习过程中的作用。教师不是告诉学生他们需要知道什么，而是鼓励学生探究——提出问题并分享想法。提问式学习的主要方式包括小组讨论和指导性学习。学生不再只是记住事实和材料，而是通过实践来学习，让他们通过探索、经验和讨论建立知识体系。

基于提问和质疑的学习会吸引学生深度参与学习过程，而不仅仅是"听到"或"写下"正在学习的东西。在提问式学习的过程中，学生有机会更深入地探究一个主题，并从他们自己的第一手经验中学习。这样的学习有助于提高学生学习的效果。一般来说，只听课的学习效果（对所学知识的掌握程度）是5%，阅读的学习效果则是10%，而基于提问和质疑的学习效果会达到75%。基于探究的学习方式使学生能够积极参与的同时，可与自身的社会实践相联系，提高学习的效率。

基于提问和质疑的学习都有哪些好处呢？

（1）深化儿童的学习体验

只听老师讲课并不是最有效（或最有趣）的学习方式。基于探究的学习不只是记住所学，而是通过儿童自己的探索来深化学习过程中的体验。

（2）注重综合技能的培养

在探索主题时，儿童审辩思维能力、语言理解与表达能力得到培养，这些核心能力可以帮助儿童开展多领域的学习，提高学生解决日常生活问题的能力。

（3）保护儿童的好奇心

基于提问和质疑的学习方法，鼓励儿童分享他们自己关于某个主题的想法和问题，这有助于保护儿童对学习的更多好奇心，引导学生继续探索他们感兴趣的问题。

（4）加深儿童对主题的理解

在提问式学习的过程中，儿童不只是简单地记住事实，而是与他们正在学习的内容建立起"世界－自我"的联系，使他们能够更好地理解一个话题。

（5）允许儿童掌握"属于他们自己"的知识

儿童有机会探索一个主题，对学习有更多的主动性，而不只是学习老师告诉的"他们应该知道"的内容。

（6）增加与文本阅读内容（绘本）的互动

作为一种主动学习的形式，这种提问式学习鼓励儿童充分参与学习过程，通过探索主题，建立儿童与世界的联系，提出问题，帮助他们更有效地学习。

（7）培养学习动机

基于提问和质疑的学习旨在促使学生热爱学习、激发学习动机。当学生能够以自己的方式参与教学内容（如绘本阅读）时，他们不仅能够获得对知识更深入的理解，还能够由内而外地生发对探索和学习的热情与动力。

（三）组织合作式学习（Collaborative Learning）

合作式学习通常由多人或小组共同协作完成某项学习任务。合作能力也是适应未来发展的人才必备的核心能力之一。在合作式学习中，合作讨论也是重要的一环，小朋友要一起阅读、一起讨论问题、一起寻找答案、一起创意制作、一起表演等。在合作式学习中，"同伴"的概念也不仅仅是搭档，还是一起思考、一起解决问题的互助者。

合作学习的方式多种多样。可以通过能力互补的方式，分工合作完成某一个任务，如在手工活动中，有的小朋友擅长绘画，有的小朋友擅长动手拼粘，还有的小朋友擅长解说，那么他们就可以组成一个小团队共同完成手工项目；也可以以共同兴趣为基础开展合作学习项目，比如，喜欢捏泥的小朋友们，可以一起完成泥塑的学习项目，喜欢创作的小朋友们，可以合作完成一个故事人物的系列创作；还可以通过心理和智力支持的形式出现，如开展小组辩论活动时，小朋友之间互相补充论点、论据，加油、鼓劲，儿童感受到同伴的支持和关心时，他们更乐意尝试新事物，更积极地完成学习任务。

（四）采用游戏、活动的形式（Games & Activities）

游戏是儿童的天性，它是儿童生活的重要组成部分，是儿童学习的主要方式。儿童常常通过游戏感知周围的世界，通过游戏活动发展身体协调性、情感以及社会技能，通过游戏与其他儿童交往，并自信地尝试新的经验、探索新的环境。

儿童游戏具有以下四个特征

（1）趣味性：游戏充满乐趣和欢乐，儿童总是乐此不疲，愿意一遍一遍地重复同样的游戏。游戏会令他们产生愉悦的感受，有时刺激、有时紧张、有时恐惧、有时担忧……这些感受都让儿童们充满期待。

（2）主动性：由于可以带来愉悦的体验，儿童更愿意选择通过游戏的方式认识世界。由于游戏具有一定的自主随意性，儿童还可以在游戏中选择感兴趣的游戏内容以及玩伴，这一过程使儿童也体验到对周围世界的控制感。在游戏活动过程中，他们也更加主动和自主。

（3）探索性：儿童会主动地去摸索、去发现，这个过程给儿童们带来更多期待和满足感，儿童的好奇心也会促使他们不断地在"玩"中探索。

（4）创造性：游戏的过程充满了创造性。儿童可以根据不同的游戏类型举一反三，可以变换场景、人物、材料等，甚至包括游戏规则，这些行为都包含了创造的过程。

儿童游戏的八种类型

（1）社会性游戏：儿童在游戏的同时结交朋友并理解和体恤他人，这一过程对儿童融入社会、适应社会以及提高主观幸福感来说非常关键。

（2）感觉性游戏：儿童在1岁左右会将大部分的游戏时间花在探索物体、运用记忆的感觉图式动手操作物体，如滚球和搭玩具，这些活动都是典型的感觉性游戏。

（3）建构性游戏：是指儿童从2岁左右开始使用物体搭建新的东西，这种类型的游戏几乎占据3~6岁儿童所有游戏活动的"半壁江山"。皮亚杰认为，儿童在这类游戏的基础上，建构起他们对物理世界的各种规则的理解。

（4）模拟游戏：开启模拟游戏的活动形式，被视为是儿童能够使用符号的一项重要指标。模拟游戏开始于儿童用玩具代表真实物体，比如，用玩具勺子或玩具梳子代替生活中真实的勺子和梳子。通常，在儿童15~20个月时，玩偶成了儿童非常喜欢的模拟游戏道具。

（5）假扮游戏：2~3岁的儿童开始进行角色扮演的活动，他们希望能够假扮（模仿）某个角色，如"过家家"；他们也可能使用其他无生命物体完成这种假扮（例如，让一个玩偶假装喂另一个玩偶）。2岁之后，带有一系列装扮行为的游戏占据了儿童游戏的主导地位。

（6）象征性游戏：当儿童开始用一件物体代替另一件物体时，象征性游戏就开始了。例如，儿童用梳子代表话筒，儿童会假装做某事（有的利用眼前的物体，有的用一个物体代表另一个物体），或者假装自己是某个人。

（7）社会戏剧游戏：是一种自由游戏。在这种游戏中，儿童参与到富有创造力和想象力的社会交往过程中。在参与的过程中，儿童要使用一些道具，还要在不同的角色中转换，并需要与他人对话。

（8）规则指导下的游戏：到5~6岁的时候，儿童开始偏爱规则指导下的游戏。皮亚杰认为，对规则指导下的游戏的偏爱意味着儿童即将过渡到认知发展的下一个阶段——具体运算阶段，儿童在这个阶段会获得对规则的理解。

在幼儿园教学中，教学既要富有乐趣又要富有探究性，游戏是幼儿学习的最佳方式。在游戏中培养幼儿与他人交往的社会能力，在问题解决的过程中培养幼儿的高级思维能力。教师在游戏中制定教学目标，鼓励幼儿尝试新鲜事物，这就是"玩中学，学中玩"的本质。

（五）鼓励分享与表达（Sharing & Presentation）

培养儿童的表达能力既是对儿童口语能力的训练，同时也提高了儿童与他人沟通的能力。在幼儿园教学中，语言表达是绘本教学中非常重要的一环。儿童不仅是"阅读"书中的故事，还要大声地读出故事，并用自己的语言解释故事，讲解自己的创作。

在幼儿园教学中，"语言交流"技能培养的四点建议

（1）创造各种机会鼓励儿童发表自己的看法。

（2）组织小组讨论，鼓励小朋友与他人进行交流，学会倾听和分享。

（3）鼓励小组成员共同完成某个"项目"任务，包括讨论解决方案、设计或制作产品。

（4）分享"产品"，如展示自己的作品，集体表演戏剧等。小朋友要讲解、说明"产品"，使用清楚的语言完整地表达。

三、幼儿阅读教育与其他学科的整合

人文整合课程以幼儿语言发展为平台，与其他学科有机地整合，我们以幼儿绘本教学为例来解释人文课程是如何与其他学科有机整合的。幼儿的绘本阅读是以培养幼儿的核心素养为目标的，是一个结合了其他学科内容的整合课程。我们从幼儿绘本故事内容设计就可以看出来，幼儿绘本故事涉及人文学科和自然学科的内容，如文化、艺术、社会、健康、科学等。在教学上，每一册绘本的阅读课程设计就是一个整合课程，其意思是说每个绘本的教学都是基于文本的主题制订相应的教学计划，结合学科的内容及儿童的生活经验，设计出一个完整的教学任务。幼儿绘本阅读，不仅能够提高幼儿的语言能力，同时还帮助儿童获得探究世界的机会。图1-3展示了一个绘本阅读教学根据不同主题的教学设计，通过延展教学活动，如戏剧表演、创意美术、故事创作、创意手工、科学探究、音乐律动或健康厨房等，达到培养幼儿核心素养的目标。下面我们就来详细讲解绘本阅读教学是如何与其他学科相互融合的。

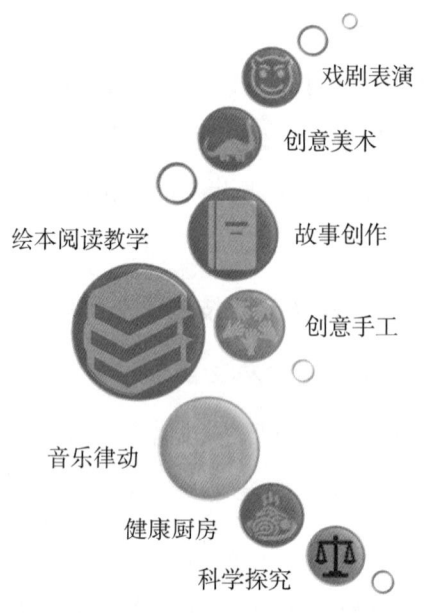

图1-3 绘本阅读整合课程示意图

（一）绘本教学与戏剧表演

戏剧是最古老的艺术形式之一。一个婴幼儿模仿声音和动作实际上就是戏剧化。戏剧是一种非常自然的、创造性的游戏活动，每个人都可以参与。幼儿教育工作者已经认识到戏剧表演的价值，但许多父母低估了它的重要性。研究结果表明，戏剧是具有创造性的游戏活动，它有益于幼儿的健康成长。儿童与戏剧有关的社会发展有四个自然阶段。

1. 独角戏——孩子自己做游戏，如一个孩子带着娃娃，喂它，和娃娃说话，好像她是母亲一样。

2. 平行表演——幼儿聚在一起，却各自玩着各自的游戏。他们的游戏是独立的，幼儿还无法参与到合作游戏中。

3. 相关表演——幼儿表演他们自己的角色，但松散地与其他小朋友建立联系，例如，幼儿玩"过家家"，每个孩子都有不同的角色，他们可能会短暂互动，但更多的注意力放在自己的游戏部分。

4. 合作表演——幼儿承担各自的角色并互相交流。小朋友们可以合作表演一个完整的故事。例如，孩子们表演上学时，他们彼此的交流就是一个很好的合作表演的例子。

戏剧表演的益处

- ◆ 戏剧对孩子们来说很有趣！它可以提高孩子们对阅读的兴趣。
- ◆ 孩子们有机会创造性地思考，并发展他们的想象力。
- ◆ 他们学着独立思考，例如，"我要如何表达我的观点？"
- ◆ 戏剧帮助孩子提高自尊。
- ◆ 孩子们可以学习团队规划，获取建立一个高效团队的经验（例如，小组决定如何一起表演场景）。
- ◆ 孩子们开发了新的词汇，进一步了解如何使用书面语言。表演可以有效提高口语表达能力。
- ◆ 戏剧帮助孩子了解他人与自己的不同，接受他人对自己的看法。

◆ 孩子们有机会释放他们的情感，促进孩子与他人的社交互动。

◆ 孩子们有更多的机会接触优秀的文学作品。

戏剧表演的形式

1. 创意戏剧表演。幼儿园小朋友经常采用的表演形式。他们没有书面的剧本，完全是即兴表演。他们也没有经过练习，而是自发地产生对话和动作。

2. 用道具讲故事。幼儿园小朋友会拿着某种道具，看着图画书，讲书里的故事。

3. 有动作的表演。如哑剧或者即兴表演，可以配上音乐和舞蹈。

4. 集体演讲。小朋友往往是按照剧本集体讲述故事内容。形式多样，可以是齐声，或分组，或单人轮流讲解等。

5. 剧场表演。年龄大一些的孩子可以采用的形式。孩子们可以自制服装、头饰和道具，并准备剧本，经过排练再演出。

（二）绘本教学与艺术

艺术教育是培养幼儿创造力的重要手段。在我们强调培养创造性人才的今天，艺术教育对儿童成长的影响可能比以往任何时候都更加重要。

艺术教育对儿童发展的益处

发展运动技能：美术创作、手工制作等活动涉及许多动作，如拿着画笔或用蜡笔涂鸦、折纸、捏泥、使用剪刀等，对幼儿精细运动技能的发展至关重要。根据幼儿心理学的研究，3岁左右的幼儿开始绘画、做手工并会使用剪刀；4~5岁幼儿的绘画有更多的细节，手工活动也更加精细，动作的灵巧性、精准性都在不断提高。

促进语言发展：当幼儿学习认识颜色、形状和动作时，一定伴随着幼儿语言的发展。当幼儿创作绘画或制作手工作品时，也一定会使用描述性词语来讨论他们自己的创作或感受。

提高思维能力：艺术教育可以增强解决问题的能力和审辩思维能力。

在创作艺术的过程中做出的决策和选择都会延伸到生活的其他方面。当幼儿不断地探索、思考、尝试新的想法时，也正是幼儿思维能力提高的过程。

促进视觉学习：绘画、捏泥和穿珠子等都会促进幼儿的视觉空间能力，而视觉空间能力是思维能力的基础。幼儿很快学会如何操作手机或平板电脑，这意味着在学会阅读之前，幼儿就会收集视觉信息。这些视觉信息包括图片或数字媒体、书籍和电视电影中的三维线索。孩子们需要更多地了解这个世界，而不仅仅通过文字和数字来学习。艺术教育教会学生如何解读、评价和使用视觉信息以及如何根据视觉信息做出选择。

创造性：艺术教育最容易体现创造性，它也是创造力培养的重要手段和途径。当鼓励孩子们表达自己并尝试不同的表现形式时，他们会体验到创新感和成就感，这也正是艺术带给孩子们的乐趣和创新体验。

文化意识：我们生活在一个日益多元化的社会中，让孩子们在艺术教育中体会多元文化的美感，如艺术作品中人物头发的颜色、形状和质地等，有助于孩子理解现实生活中的多元文化。

（三）绘本教学与科学

科学学习帮助我们了解世界，在幼儿教育中，科学学习必不可少。幼儿从小就有无尽的好奇心，有问不完的问题，而科学为幼儿提出的许多问题提供了答案，例如"天空为什么是蓝色的？""彩虹中有哪些颜色？"当幼儿发现科学可以帮助他们了解新奇的世界，他们就会产生对科学的渴望。

科学学习对儿童发展的益处

热爱科学：在未来，发展最快的行业估计有75%的工作岗位需要科学、技术、工程和数学（STEM）技能。在幼儿阶段培养其对科学的热爱，有助于孩子适应未来的工作。

培养生活技能：科学帮助儿童培养重要的生活技能，如解决问题的能力、沟通能力和研究能力。很多时候，科学结果不会立即出现，因此它也教导孩子要耐心并坚持下去。科学是儿童可以学习的最重要的科目之一，因为它与我们的生活息息相关。学会的这些技能还帮助孩子们产生想法、做出决定并使用证据来解决关键问题。

促进语言发展： 在幼儿的科学活动（包括观察、实验等活动）中，需要使用语言来描述，科学学习可以扩大词汇量。科学报告要求孩子进行全面观察，并鼓励孩子用可理解和有趣的语言写出他们所见、详细而准确地记录，这种做法有助于提高孩子的写作能力。

激发探究和审辩思考： 探究和科学方法是科学教育与实践不可或缺的一部分。通过科学探究，提高了儿童可应用于任何学习领域的审辩思维能力。审辩思维对理解和解决问题至关重要，它帮助孩子们学会解决问题的方法，并与自己的生活和周围世界建立联系。

培养独立思考、发展决策技能： 科学教育引导儿童从多个来源寻求信息，依靠证据确定真相。这个过程为他们的独立思考和做出决策提供了坚实的基础，也是解决问题能力的基础。

（四）绘本教学与健康

儿童健康是指身体、心理、社会和情感的健康，不仅仅是身体健康。孩子是生活在家庭、环境和社区中的，家庭、周围环境以及社区都可以为他们提供机会，获得最充分的潜力发展。健康教育丰富儿童的健康知识，提高健康技能，对健康抱有积极的态度。健康教育包括身体、心理、情感和社会健康的系统教育。它将有益于儿童养成"如何在生活中做出健康选择"的能力；引导儿童积极的行为，降低和预防不良行为的风险，如酗酒、吸烟或吸毒等不良行为，改善和保持精神和情绪健康，从事营养、健康的身体活动和家庭生活。

在幼儿园阶段，培养幼儿健康的生活习惯是重点教学内容，包括生活起居习惯、饮食健康教育、卫生习惯、了解个体身体以及基本的新陈代谢规律；同时培养小朋友与他人建立良好的社会关系、良好的行为习惯等，也是保持心理健康的重要内容。

（五）绘本教学与社会

自出生开始，儿童就在探索世界。从蹒跚学步到上幼儿园，小朋友都会尝试着去理解社会和周围环境，都要适应他们身处的社会环境。社会教育让他们成为社会的一员，为社会服务，是一个很重要却常被忽视的教育话题。

社会教育包括社会学习和自我概念发展。通过了解周围的世界、社会、家庭，帮助幼儿理解自我与社会的关系，如一个小社会成员的责任，与他人、朋友、家人的相处方式，个人生活的道德、伦理和信任等。

社会教育在幼儿园阶段主要涉及的活动

幼儿园活动：让小朋友玩玩具（交通工具、房屋建筑等）时，了解自己与他们的关系；学习什么是"需要"和"想要"；了解文化习惯、节日风俗等。讨论不同的交通工具，使用剪贴、手工制作交通工具等；区分空中、陆地、水上的交通工具等。通过这些活动让小朋友了解与社会的沟通、关系以及有关的交通安全问题；了解交通灯的变化顺序以及不同颜色的意义；知道自己家的电话和住址，了解为什么需要记住自己的重要信息；讨论和了解日常生活、行走、开车的安全规则；了解防火安全、涉水安全、交通安全、幼儿园安全和家庭安全的常识；了解如何应付陌生人；了解紧急情况电话呼救号码等。

社区活动：了解幼儿园为什么要有规定和规矩；如果家里或幼儿园里着火、地震了，需要做什么；通过角色扮演了解出现问题如何与警察沟通，扮演外卖小哥学习如何与客户沟通；扮演商店售货员，了解商品类别以及付款规则等；学习垃圾分类，帮助小区、幼儿园捡拾垃圾等。通过这些活动学习人的行为规范、道德伦理。

小朋友还可以参观附近的商店、单位、机构等，了解他们的工作职能；让小朋友观察周围环境，如教室、操场、建筑等；鼓励小朋友合作将玩具收回原处，打扫卫生等；学会记录事件，过一段时间一起回忆做过的事；了解社会公共服务人员，如学校老师、医生护士、警察、交警、消防人员、解放军、街道服务人员等；学会如何感激和尊重他人的劳动和服务。

(六）绘本教学与文化

中国是拥有悠长历史的文明古国，有丰富的传统文化，中国的书法、印章、中国结、灯笼、京剧、皮影、茶、中药、武术、饮食、生肖、传统节日等，不胜枚举。

如何将中国传统文化与幼儿教育相结合引发了热烈的讨论。而文化内容正是人文教育的核心内容。在人文教育的教学框架下，文化、阅读、艺术等内容的整合教学就不是什么难事了。

核心素养课工具箱 1-1

绘本教学与戏剧表演

我们以 5C 教育研究院的 5 岁组绘本《意外惊喜》为例,说明如何通过绘本教学,将该主题拓展为一个与戏剧表演有关的教学活动。

©5C 教育研究院版权所有,扫描书后二维码,获取免费电子版绘本

绘本故事介绍:该绘本主人公是小狗熊的一家。熊宝宝想为爸爸妈妈准备一个礼物,给他们一个意外惊喜。经过爷爷的帮助,熊宝宝采了一筐蓝莓送给爸爸妈妈。❶

这个绘本主题属于语言、文化类。在绘本教学的设计中要着重文化方面的教学。由于该故事的形式有很多对话,比较容易改编成戏剧表演。在教学中可以设计一个"演一演"环节。

- 让小朋友动手制作小头饰(熊爸爸、熊妈妈、熊宝宝和熊爷爷)。
- 小朋友们四个人一组,每人扮演一个角色,表演"意外惊喜"的故事。

戏剧表演会吸引孩子们的兴趣,他们会反复阅读故事,同时训练孩子们的语言表达能力以及在故事改编过程中激发的创造能力;不仅如此,戏剧表演是一个小组合作活动,这个过程也培养了团队意识以及幼儿的自信心。

---

❶ 从"一本书"到"一堂课"的五步教学法和实例将在第 3 讲详细阐述。

核心素养课工具箱 1-2

绘本教学与艺术

我们以 5C 教育研究院的 3 岁组绘本《风筝小姐》为例,说明如何通过绘本教学,将该主题拓展为一个与艺术有关的教学活动。

©5C 教育研究院版权所有,扫描书后二维码,获取免费电子版绘本

绘本故事介绍:该绘本以风筝的口吻,描述了风筝从制作时的紧张心态,到飞上天空时的兴奋状态。风筝越飞越高,它看到了家和朋友,看到了城市、高楼、汽车和火车,看到了长城、高山和河流。❶

该绘本故事的主题属文化艺术类。在设计绘本教学时,我们可以将活动做一个延展。我们设计了三个与风筝有关的小游戏。

(1)**走迷宫游戏**:小朋友要拿着笔沿着线路起点走出迷宫,这个游戏培养幼儿的精细动作能力,也是前书写的准备活动(见图 1-4)。

(2)**数字游戏**:让小朋友将空缺的数字填进去,这个游戏培养小朋友了解数字顺序,并用预测的方式完成游戏,这个过程包含了对幼儿推理能力的培养(见图 1-5)。

---

❶ 从"一本书"到"一堂课"的五步教学法和实例将在第 3 讲详细阐述。

（3）**设计游戏**：请小朋友设计自己的风筝，只能用三角和方块两种图形。看看谁的设计最有创意，谁的设计最漂亮，并请小朋友展示和介绍自己的作品。

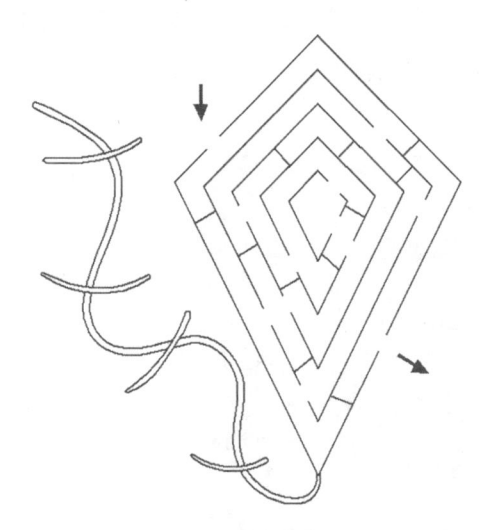

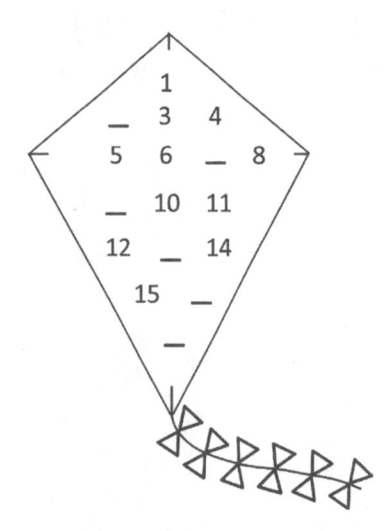

图 1-4　走迷宫游戏　　　　图 1-5　数字排序游戏

核心素养课工具箱 1-3

绘本教学与科学

我们以 5C 教育研究院的 3 岁组绘本《跷跷板》为例,说明如何通过绘本教学,将该主题拓展为一个与科学有关的教学活动。

©5C 教育研究院版权所有,扫描书后二维码,获取免费电子版绘本

绘本故事介绍:该绘本介绍了小动物们玩跷跷板的故事。小狗、小猴子、小鹿和小象分别站上跷跷板,由于他们的重量不同,跷跷板一会儿这边翘起来,一会儿那边翘起来。❶

该绘本故事的主题与科学有关。阅读故事后,需要将故事延展成一个主题项目。我们将其设计成与科学活动有关的主题教学。我们设计了三个小游戏。

- **比一比游戏**:让小朋友通过观察图画,看一看跷跷板哪边重,哪边轻。
- **称一称游戏**:让小朋友做一个推理游戏,学习了解"等于"的概念。
- **做一做游戏**:折纸制作一个跷跷板,用跷跷板和小动物们讲一个小故事,看看谁讲的故事最有趣,语言表达最清楚。

通过这个绘本的学习,小朋友不仅阅读了故事,还学习了"轻""重""等于"的概念;同时还培养了幼儿动手操作的能力。在这个故事的教学中,我们将科学概念融入阅读教学,并通过阅读教学的方法培养幼儿的核心素养。

---

❶ 从"一本书"到"一堂课"的五步教学法和实例将在第 3 讲详细阐述。

核心素养课工具箱 1-4
绘本教学与健康

我们以 5C 教育研究院的 4 岁组绘本《植物》为例,说明如何通过绘本教学,将该主题拓展为一个与健康有关的教学活动。

©5C 教育研究院版权所有,扫描书后二维码,获取免费电子版绘本

绘本故事介绍:通过老师带领小朋友参观菜园,了解什么是植物以及它的基本结构,包括根、茎、叶、花和果。❶

该绘本故事的主题属于科学类,内容涉及植物、蔬菜以及饮食健康。阅读故事后,需要将故事做一个延展。延展的方式可以有多种。我们将其设计成一个与健康有关的主题式教学。我们设计了两个小游戏。

- **社会实践活动**　老师带领小朋友参观菜园,认识我们常吃的蔬菜,并让小朋友说一说各种颜色的水果、蔬菜;社会实践活动可以帮助幼儿更好地理解学习的内容,培养他们的动手能力。

- **创意制作水果蔬菜沙拉**　帮助小朋友准备原料、制作沙拉,让小朋友讲讲所在小组制作的沙拉里都有什么蔬菜和水果,他们有什么样的味道,讲讲沙拉拼盘的设计,为什么是健康沙拉。在创意沙拉制作过程中,小朋友不仅要了解水果蔬菜的特点,还要有创意地设计拼盘。

---

❶ 从"一本书"到"一堂课"的五步教学法和实例将在第 3 讲详细阐述。

核心素养课工具箱 1-5

绘本教学与社会

我们以 5C 教育研究院的 5 岁组绘本《我是消防员》为例，说明如何通过绘本教学，将该主题拓展为一个与社会教育有关的教学活动。

©5C 教育研究院版权所有，扫描书后二维码，获取免费电子版绘本

绘本故事介绍：该绘本让小朋友认识消防员的服装（帽子、衣服、手套、靴子和面具）、消防车、警铃、灭火器、喷水管等，认识勇敢的消防队员。[1]

该主题是一个与社会教育有关的主题，我们在教学中将社会教育的目标引入教学中。如让小朋友了解消防员这个职业，他们的工作是为社会服务。在教学中，小朋友要了解消防员的生活与工作，并有机会参观消防队和消防车，建立自己与社区之间的关系。同时消防安全也是小朋友需要了解的。

我们可以设计三个社会实践活动。

- 认识防火标识，让小朋友在幼儿园里找一找；
- 如果幼儿园着火了，我们应该怎么办；组织模拟演练；
- 观看视频《我想对你说：消防员哥哥》，引导孩子们表达自己对消防员哥哥想说的话和祝福。

---

[1] 从"一本书"到"一堂课"的五步教学法和实例将在第 3 讲详细阐述。

核心素养课工具箱1-6

绘本教学与文化

我们以 5C 教育研究院的 5 岁组绘本《面条大哥和米粉小姐》为例，说明如何通过绘本教学，将中国传统文化融入幼儿教育。

©5C 教育研究院版权所有，扫描书后二维码，获取免费电子版绘本

绘本故事介绍：该绘本通过面条大哥和米粉小姐的对话介绍了面条和米粉的特点和不同的味道。帮助小朋友了解中国的饮食文化。[1]

由于该主题与中国饮食文化有关，我们可以将中国饮食文化的内容引入教学中，让小朋友了解和欣赏中国的饮食文化。在故事阅读的延展活动中，我们设计了与饮食文化有关的活动。

- 认识调料：盐、糖、油、酱油、醋、辣椒等；
- 了解北方、南方的饮食区别；
- 社会实践：走访附近的一家小吃店，介绍他们的美味食品。

通过这个故事的阅读教学，小朋友不仅感受到故事给他们带来的乐趣，还从中了解了中国的饮食文化，认识了不同种类的食物、调料；在阅读及游戏活动中还提高了幼儿的核心素养。

---

[1] 引导小朋友思考问题，讨论食物的不同味道与地方的关系；让小朋友辩论南北方菜的差异；还可以介绍中国餐桌礼仪等。

四、核心素养与儿童阅读教育的新视角

思维能力的发展是核心素养培养的重中之重，而思维能力的发展又基于儿童语言能力的发展。因此，适合儿童心理发展特点的绘本阅读教学便成为培养儿童核心素养、实现儿童人文教育的一个重要手段和教学资源平台。

以往的绘本阅读只强调"阅读本身"的教学目标，却忽略了"阅读过程"的潜在价值。基于最新的教育心理学理论研究，将整合教学设计理念以及相应的教学原则：项目式学习、提问式学习、合作式学习、游戏活动、分享和表达引入绘本阅读教学中，使绘本阅读教学又得到了一次质的提升。整合型绘本阅读教学将审辩思维能力、创造力、合作能力、沟通交流能力、社会意识（5C核心素养）都纳入绘本阅读教学的教学目标中（见表1–2）。通过阅读学习，儿童不仅丰富了多学科的知识储备，核心素养也得到了提高（绘本阅读教学的具体方法详见第3讲）。

整合型绘本阅读教学的设计建立在"整合课程"的理念之上，这种"整合"涉及多种能力养成和多种教学主题的一体化。

1. 通过绘本阅读，儿童可以学习阅读的基本技能，包括对基本词汇的掌握、阅读理解、语言表达。
2. 在阅读理解过程中，通过师生的提问和互动、合作与讨论，可以提高儿童的审辩思维能力。
3. 绘本故事的内容涉及各个领域，如文化、艺术、社会、健康、科学等，围绕每一册绘本展开的阅读课程又是一个"主题活动"，每一册绘本的教学主题均基于文本，在此基础上结合其他学科的教学内容，结合儿童的生活经验，设计出一个"整合"的教学任务。

在一个故事主题下，可以将教学形式拓展成戏剧表演、创意美术、故事创作、手工、音乐、科学探究或健康厨房等，在丰富的教学活动中，还可以实现对儿童多种能力的培养，整体提升儿童的核心素养。

表 1-2 整合型绘本阅读教学目标与 5C 核心素养发展评估

5C 核心素养	整合型绘本阅读教学目标	儿童能力发展阶段			
		反应阶段（2~3岁）	探究阶段（3~4岁）	构建阶段（4~5岁）	整合阶段（5~6岁）
沟通与交流（Communication）	培养儿童阅读兴趣；培养儿童语言理解及语言表达能力	口语理解与表达	书面简单句的理解，并学习表达短句；口语词汇快速增长；能够写出自己的名字和数字	两个书面简单句的理解，能够逐渐表达完整句子；能够写出一些常见字词	两个以上句子的理解，能够流利表达；能够写出一些常见短句
审辩思维能力（Critical Thinking）	培养阅读的深入理解；通过提问、互动培养儿童的分析推理、评价等高级思维能力	对老师的问题做出反应，对简单、直接的问题做出回答	能够跟随老师的提问，分析问题	能够对问题进行分析、推理，并提出自己的看法	能够整体分析问题，提出自己的想法，并提供证据
合作能力（Cooperation）	合作讨论、相互沟通一起从事制作、表演等活动	意识到与他人一起活动的乐趣	有意识地与他人沟通和交往	愿意和其他小朋友一起玩，一起讨论和制作手工	主动与他人合作与分享，并感受到乐趣
创造力（Creativity）	通过动手操作、设计、创编、表演等活动培养创新能力	学习简单的动手操作；模仿他人的行为	有创新意识，有自发的艺术表达	对创新活动有兴趣，并表现出好奇和探究	表现出主动的探究和创新
社会意识（Citizen）	培养儿童安全、健康的生活习惯；通过社会实践培养儿童的社会意识	了解家的概念（比如，家里有爸爸、妈妈、爷爷、奶奶等人）	了解家、幼儿园以及周围的环境，喜爱扮演不同的社会角色	学会分享；顾及他人的感受	能够分享；能够做出让步；配合集体活动；愿意帮助他人

> **接下来，你将看到**
>
> 　　在之后的章节中，我们将对幼儿园核心素养与人文教育的话题进行展开。从口语课、阅读课、书写课三个视角，构建幼儿人文教育的基础平台。
>
> 　　自出生至2岁是儿童口语能力快速发展的时期。心理学的研究表明，儿童早期口语能力的发展对其未来智力和学业发展都有着重要的影响。也就是说，儿童口语能力的发展，对其智力的各个方面，特别是核心素养的发展都起着重要作用。
>
> 　　本讲中我们还会给幼儿教师和家长介绍如何培养儿童的口语能力。

第 2 讲

口语课——
幼儿口语习得与核心素养

郝美玲[1] 舒华[2]

"爸爸，为什么水里有彩虹？"

"不知道，快点走，就知道问一些无聊的问题！"

多年以前，在北京西直门换地铁的间隙，我注意到人流中一个背着大包、行色匆匆的年轻父亲和他紧随其后又好奇地环顾四周的女儿。雨后，正巧阳光照射在一小滩水上，形成一道小小的彩虹。每次读儿童语言发展的相关文献，我总是不由自主地想起这对父女，他们的脸庞我早已记不清楚，但是对话的场景以及给我带来的震惊和遗憾却一直挥之不去——震惊那位父亲对待一个四五岁的小女孩如此没有耐心；遗憾那位父亲因匆忙赶路而错失了对孩子语言输入和教育的机会。

三四年前，我作为故事妈妈，在女儿所在的幼儿园班级给孩子们分享《卡里咔嚓吃吃吃》，孩子们热情的小脸和争着发表看法的情景我至今历历在目。

小朋友生来对周围的世界好奇，对有趣的故事充满热情。抓住孩子的特点，及时回答他们的问题，满足他们的好奇心，多跟他们读书聊天，会有效促

---

[1] 教授，北京语言大学汉语进修学院
[2] 教授，北京师范大学认知神经科学与学习国家重点实验室

进孩子口语能力的发展，为孩子一生的发展奠定良好的基础。

一、口语能力及其发展过程

口语能力包括以下五个成分：口头词汇的数量和丰富程度、句法复杂性、对语音结构、词素结构的敏感性以及对故事的叙述能力。口头语言能力较强指的是，跟同龄的孩子相比，儿童掌握的词汇数量多、句子长度长、句式变化多样，言语表达符合或者超越该年龄段孩子的平均水准。

幼儿 A：你要是不发脾气，我就还和你做朋友。

幼儿 B：月亮为什么晚上出来？

上面两个句子分别是在我们调查中的两个幼儿园大班的孩子近期说出的最长的句子。我们可以看出：

幼儿 A 最长的句子平均句长为 15 个字，而幼儿 B 的平均句长为 9 个字；

从句法复杂性来看，幼儿 A 的句子为假设复句，而幼儿 B 的句子是疑问句，属于单句；

幼儿 A 的句子包含 9 个不同类型的词语，幼儿 B 的句子中包含 4 个不同类型的词语。

简单估计，幼儿 A 的口语发展水平暂时领先于幼儿 B。

幼儿口头语言能力的高低对未来阅读能力的发展、学业成绩以及核心素养的培育有非常重要的影响。大量研究发现，2 岁儿童的口头词汇量可以预测 5 年后儿童词语阅读的准确性以及阅读理解的程度。也就是说，2 岁时口头词汇量大的儿童，5 年以后再测量他们的词语阅读和篇章阅读理解时，他们的词语阅读准确性更高，对短文的理解也更强（Duff et al., 2015）。汉语儿童的研究也发现，在控制了母亲的受教育水平、儿童一般认知能力、语音意识和快速命名变量后，儿童 4 岁时的口语词汇知识水平和 4~10 岁口语词汇知识发展的速度，能够显著预测他们 11 岁时的阅读准确性、阅读流畅性和阅读理解水平（Song et al., 2015）。

出现阅读障碍的儿童在 2 岁半时的口语能力，要比一般儿童同时期的口语能力水平差（Scarborough, 1990）。学前儿童对语音的敏感程度（如判断两个词语是不是押韵，前面的音是不是一样）可以预测 3 年后的阅读和拼写成绩（Bradley & Bryant, 1985）。在儿童语言发展的学术期刊中，来自各国各语言背景的类似研究比比皆是，尽管这些研究追踪的时间有长有短，但是都透露出一个信息：儿童时期口头语言能力的发展对未来阅读能力、学业成就、智力发展乃至就业等都具有重要的预测作用。口头语言能力发展较好的儿童，未来阅读学习也较容易、学业成绩也较好。

学前阶段是口语能力发展的关键期。一般来说，儿童口头语言的发展呈现出一定的规律性或阶段性。在描述儿童语言发展过程的时候，研究者通常给出发展过程中出现的一些重要里程碑。这里需要指出的是，婴幼儿语言发展的个体差异比较大，下列时间线只是一个大概范围。

1. 语音发展

出生后的第一年，是婴儿语音感知产生和快速发展的一年。从语音感知来看，0~6 个月，婴儿能感知世界上几乎所有语言的语音对立；6~8 个月，婴儿只能准确听辨出母语中的元音对立，对于母语中不区别意义的元音对立分辨不出；10~12 个月，分辨不出母语中不区别意义的辅音对立，为专注学习母语打下良好基础。

语音产生则经历了以下五个阶段：

反射性哭声（0~2 个月） 刚出生的婴儿发出的声音仅限于啼哭、咳嗽、打嗝和喘息等，这些声音与人类语音相去甚远。

咕咕声和笑声（2~4 个月） 到第 2 个月末，婴儿感到满足与高兴的时候常常发出许多咕咕声。咕咕声在声音上，比啼哭多变，一般在口腔后部发出，与后元音及软腭辅音类似。婴儿不仅通过发出咕咕声来练习发音器官之间的配合，还会利用咕咕声与其他社会成员进行交流。

发声游戏（4~6 个月、7 个月） 此时，婴儿能够产生的类似于辅音与元音的声音逐渐增多。婴儿对发音的控制能力也越来越好，能够将不同的声音组合成更长、更复杂的序列发出来。在这一阶段，婴儿还会发出尖叫、咆哮以及其他噪音。

重复性呀呀语（6个月、7个月~9个月） 到6~7个月时，呀呀语开始了。婴儿最初使用重复性呀呀语，重复同一个辅音-元音系列，如 ba-ba-ba-ba，ma-ma-ma-ma。呀呀语虽然同咕咕声一样没有实际意义，但是比咕咕声更接近人类语音，与成人语言中的音节比较像。在呀呀语出现之前，我们听不出聋儿发出的声音与正常婴儿发出的有何差别，但是在6~9个月时，聋儿很少发出呀呀语。因此呀呀语是正常婴儿与聋儿在语言发展上出现差异的最初表现。

多样化呀呀语（10~12个月） 到10~12个月时，婴儿开始使用多样化呀呀语，一连串音节包括了各种各样的辅音和元音，如 bi-go-da-bu。与此同时，婴儿开始在他们的话语中加上像句子那样的节奏与语调升降，有时甚至在一连串音节后面加上一个疑问句的语调，使照看者不得不做出某些回答。

呀呀语的出现，标志着儿童产生语音的能力有了进一步的提高。半岁之前，婴儿产生的语音中以元音为主，仅有的辅音也是在口腔后部发出。呀呀语出现时，发音部位处于口腔前部的辅音就可以发出了，例如双唇音 [m]、[b] 和舌尖中音 [d]。这样婴儿就可以产生很多单音节或双音节的语音了，如 ba-ba、di-di。在6~12个月，婴儿能够产生的辅音进一步增多，爆破音、鼻音等逐渐出现在婴儿的呀呀语中。此时，婴儿离说出真正的词语已为时不远了。

受发音部位、发音方式等的限制，一般儿童在3岁左右才能习得语言中大部分的语音。

2. 词汇发展

词汇发展也随时间轴向前逐渐发展。

- 4~6个月，孩子能听懂自己的名字。此后，他们对词语的理解一直超前于词语产生。
- 7个月左右开始，他们能够从连续语流中切分出类似于词语的单位。
- 12个月，儿童开始说话。

- 18 个月左右，幼儿大概能积累到 50 个词语，随之会出现词汇爆发。

最先会说的 50 个词语是儿童词汇发展的分水岭，是词汇从缓慢发展向迅速发展过渡的分水岭。学会 50 个词之前，儿童词汇发展的速度非常缓慢，每个月新学 8~11 个词语不等；学会 50 个词之后，儿童词汇发展的速度急速增加，每月可以新增几十个词语。因此，研究者把儿童最先获得的 50 个词语看作语言发展的里程碑。

但是，孩子之间词汇量的差异也比较大。例如，2 岁前后，词汇量发展较快的孩子几乎会说测评词表中全部的词语（710 个），词汇量较小的孩子能够自己说出的词语数量却仅仅二三十个，数量非常有限！还有一个值得注意的现象是，随着年龄的增长，词汇量发展较快的孩子与词汇量发展较慢的孩子之间的差距将逐渐加剧，比如，在 18 个月左右，词汇量最大的孩子与词汇量最小的孩子之间的差值为 100 个词语左右；到 2 岁时，词汇量最大的孩子与最小的孩子之间的差距竟然达到 600 多个！

3. 句法发展

句法发展也遵循随时间轴向前逐渐发展的过程。

- 18 个月之前，儿童虽然开口说话了，但是他们基本上每次只说一个词来表达自己的意思。这段时间叫独词句阶段。尽管只有一个词语，但是已经表达了一些语义角色。
- 从 18 个月开始，幼儿出现了词语组合，进入双词句、三词句阶段，表达的语义角色和关系更加广泛。
- 2~3 岁，能够理解和使用与物体、人和基本事件有关的陈述句和疑问句以及表示简单空间关系的句子等。
- 4~6 岁，能够理解和使用复句。

二、对口语能力的评估

针对口语能力的组成部分，口语能力的评估相应地也可以从下面五个方面着手。由于方便操作和辨识，词汇量评估成为最常用的口语能力评估方法。

（一）口头词汇量

1. 父母日记

父母日记是最常见的记录婴幼儿口头词汇发展的方式。在孩子开口说话的时候，父母准备好本和笔，随时记录，可以按周或者按月绘制词汇量增长曲线图。

2. 词表法

各国学者们都研制了一些调查词表，列出了某一年龄范围内儿童掌握的词汇。把词表打印出来，每个月勾选一次，看看随着月龄增加，孩子词汇量的发展情况，还可以与汉语儿童的词汇发展常模进行对照。

表2-1、表2-2是参考著名CDI量表研制的《汉语婴幼儿口语词汇发展调查表》，感兴趣的读者可以进入我们的研究网站，下载量表，了解不同月龄儿童对量表中列出的词语的掌握情况，网站地址为 http://blclab.org/early-vocabulary-inventory-for-mandarin-chinese/（Hao et al., 2008, 2015）。

表 2-1 汉语婴幼儿口语词汇发展调查表（部分）

编号	常用物品	可能的说法	理解	会说	可能的说法	理解	会说	还可能的说法
1	碗	碗	(　)	(　)		(　)	(　)	
2	盒子	盒子	(　)	(　)	盒	(　)	(　)	
3	扫帚	扫帚	(　)	(　)	扫扫	(　)	(　)	
4	梳子	梳子	(　)	(　)		(　)	(　)	
5	杯子	杯子	(　)	(　)	杯	(　)	(　)	
6	灯	灯	(　)	(　)		(　)	(　)	
7	药	药	(　)	(　)		(　)	(　)	

续表

编号	常用物品	可能的说法	理解	会说	可能的说法	理解	会说	还可能的说法
8	钱	钱	( )	( )		( )	( )	
9	纸	纸	( )	( )		( )	( )	
10	枕头	枕头	( )	( )		( )	( )	
11	钱包	钱包	( )	( )		( )	( )	
12	勺子	勺子	( )	( )	勺	( )	( )	
13	电话	电话	( )	( )		( )	( )	
14	被子	被子	( )	( )	被	( )	( )	
15	书包	书包	( )	( )	包包	( )	( )	
16	筷子	筷子	( )	( )	筷筷	( )	( )	
17	伞	伞	( )	( )		( )	( )	

表 2-2　汉语婴幼儿口语词汇掌握情况（部分）　　　　　　　　（单位：%）

编号	中文动词	拼音	英文	12个月	13个月	14个月	15个月	16个月
1	跳舞	tiào wǔ	dance	54.05	66.00	53.33	52.27	62.16
2	吹	chuī	blow	37.84	26.00	40.00	43.18	37.84
3	敲	qiāo	knock	29.73	28.00	20.00	27.27	29.73
4	打扫	dǎ sǎo	clean; sweep	5.41	20.00	11.11	15.91	18.92
5	关（门）	guān(mén)	close the door	32.43	38.00	40.00	45.45	45.95
6	开（门）	kāi(mén)	open the door	43.24	46.00	37.78	45.45	43.24
7	哭	kū	cry	45.95	58.00	64.44	54.55	62.16
8	喝	hē	drink	54.05	56.00	53.33	54.55	56.76
9	开车	kāi chē	drive	8.11	16.00	8.89	20.45	24.32
10	吃	chī	eat	67.57	66.00	53.33	63.64	64.86
11	喂	wèi	feed	27.03	28.00	26.67	29.55	24.32
12	给	gěi	give	40.54	36.00	37.78	40.91	51.35
13	打	dǎ	hit	43.24	46.00	55.56	50.00	48.65
14	抱	bào	hug	51.35	58.00	48.89	59.09	56.76
15	跳	tiào	jump	32.43	38.00	42.22	52.25	35.14

3. 幼儿园儿童词汇量的评估

针对幼儿园儿童词汇量的评估方法通常分为两类：一类是理解性的词汇测验，考查儿童是不是理解测验中出现的词语，主要用来估计儿童可以听懂的词汇量；另一类是产生性的词汇测验，考查儿童看到图片后是不是能够说出名字来。

图 2-1 就是一种理解性词汇测验：给孩子听一个词语，然后出示 4 幅图片，让孩子从中选出正确的图片。这 4 幅图片对应的事物中，一个是与测试词语对应的正确的目标事物，一个图片上的事物与测试词语的发音相似，一个图片内容与测试词语的意思相似，还有一个完全无关。设置这些选项是要看看儿童听到读音能否很快地找到对应的意思，是否存在一些混淆的情况。以图 2-1 "锁"为例，意思相似的图片是"钥匙"，读音相似的图片是"火"，无关图片是"手"。

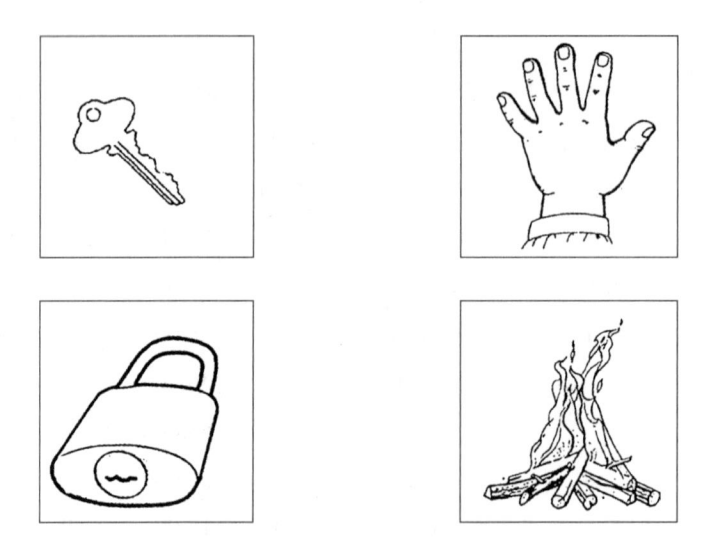

图 2-1 理解性词汇测验示例

通过图片命名的方式评估产生性词汇量，我们选出了一些有代表性的早期习得图片，并对这些图片的特征、儿童学会每张图片名称的年龄、汉语成年人图片命名的反应时间等要素构建了常模（Liu, Hao, Li, & Shu, 2011）。

图 2-2 是 3 岁半和 4 岁两组孩子图片命名的部分结果，从中我们可以看

出，如果以"75%的孩子说出名称即习得"为标准，3岁半时差不多有一半图片的名字孩子们还没学会，但4岁组都掌握了。宋爽（2017）发现，3岁时的表达性词汇量可以预测15岁时的阅读理解成绩。这就是说幼儿园期间的表达性词汇量越大，孩子可以说出的不一样的词语越多越丰富，在未来阅读的时候，阅读理解的程度越深。

实际上，图片命名的方式适用人群非常广泛，包括语言发展初期的婴幼儿、成年人、语言衰退时期的老年人或语言障碍者等。

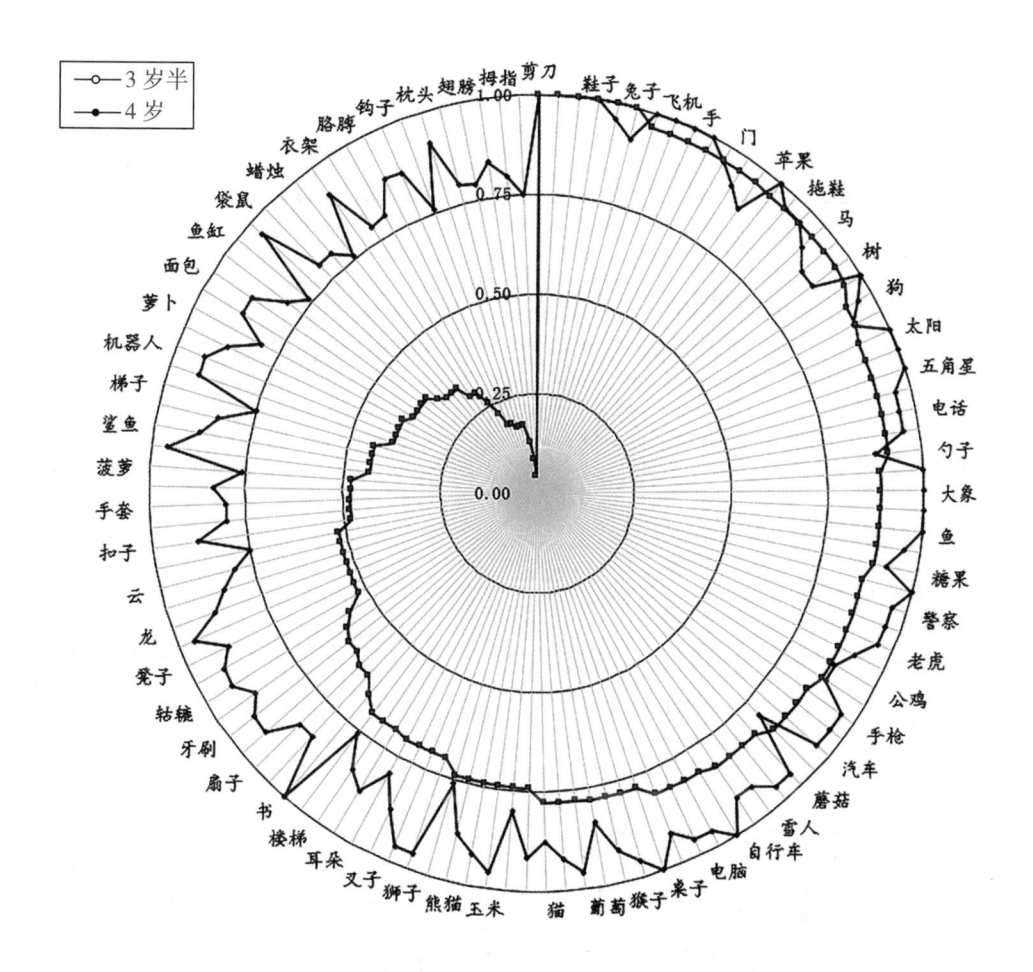

图 2-2　3岁半和4岁孩子图片命名结果（Liu et al., *PLoS One*, 2011）

（二）平均句长和句法复杂性

句长的发展基本遵循独词句→双词句→单句→复句的模式，句子的修饰成分、小句数量不断增加，句子的长度也逐渐增加。研究者往往让父母回忆孩子最近说出的最长的三个句子，以此来估计儿童的句法发展程度。计算汉语的平均句长最简单的方式是数汉字或者词语的个数（见表2-3）。

表2-3 中文平均句长示例

句子类型	例句	平均句长
独词句	妈妈	2
双词句	妈妈抱	3
单句	妈妈抱宝宝	5
单句	妈妈抱着宝宝去买菜	9
复句	宝宝累了，所以妈妈抱宝宝	11

句法复杂性也是衡量儿童句法知识发展程度的一个方面，包含主谓宾的一般句子发展较早，汉语特有的"把字句""被字句"则出现较晚。例如下面三个句子。

车开走了。

司机把车开走了。

车被司机开走了。

复句的复杂性高于单句，同样是单句，修饰成分多的单句比没有修饰成分的更复杂。例如下面的三个句子。

小鸭子在水里游。

小鸭子在水里快活地游来游去。

小鸭子在水里快活地游来游去，小花狗在草地上高兴地跑来跑去。

对于没有语言学背景的父母来说，句法复杂性的评估并不那么容易。一种简单易行的办法是，父母每隔一段时间可以回忆一下，这段时间里孩子说出的最长的三句话；记录下来，计算一下平均句长；通过纵向对比，也可以大致了解孩子句法知识的发展情况。

（三）故事的叙述能力

讲故事是一种综合的口语能力测量手段，可以从多个维度评估儿童口头语言能力的发展状况。通俗地说，就像我们说话需要用语法规则把词语连缀成句一样，讲故事也有一定的章法，时间、地点、人物、矛盾及其解决办法、结局等就是故事的章法，一般被称为"故事语法"。以无字图画书《小青蛙，你在哪儿？》（*Frog, Where are you?* Mercer Mayer, 1969）（见图2-3）为例，表2-4列出了叙事类故事的核心要素。

图2-3 无字图画书《小青蛙，你在哪儿？》节选（Mayer, 1969）

表 2-4 基于故事语法模型的编码系统

故事要素	代码	操作定义	举例
角色	C	故事中实施行为的角色信息，包括故事中的所有角色名称，不包括人称代词。	男孩、小狗、青蛙、蜜蜂、地鼠、猫头鹰、鹿等
背景	S	故事发生的时间和地点信息。	从前、一天晚上、卧室、树洞、池塘等
起始事件	IE	需要相关角色采取行动的问题或事件，具有引发后续故事结果的特点。	小男孩和小狗在睡觉 小男孩朝地上的洞里喊
行动	A	故事中角色主动施加行动的动词表述。与起始事件相对应，一个起始事件可以对应多个行动。	青蛙从罐子里爬出来 小狗从窗户上掉下来 蜜蜂都飞了出来
结果	Con	针对每个起始事件成功与失败的结果的陈述。与起始事件一一对应。	青蛙不见了 小男孩和小狗掉进池塘 小男孩挥手和青蛙们再见
内部反应	IR	角色内心的感觉、愿望或想法。	小男孩你别怕
计划	P	角色将要采取行动的想法，这些想法主要是针对起始事件引发的反应做出的。	想要、将要、决定等

下文列出了两名儿童对《小青蛙，你在哪儿？》的叙述结果。儿童 A 的年龄在 4 岁~4 岁半，儿童 B 的年龄在 5 岁~5 岁半。儿童 A 的故事中共出现了 24 个故事要素，儿童 B 的故事中出现了 37 个故事要素。儿童 B 在最后还不忘交代"小男孩和小狗狗最后发现的青蛙就是一开始丢失的青蛙"，与故事一开始"小青蛙丢失"以及故事进展过程中"寻找小青蛙"的情节相呼应，表明儿童 B 的故事语法意识强于儿童 A。

除了故事要素，从儿童叙述的故事中，还可以看到用词的丰富性、准确性、平均句长、句子之间的逻辑关系等方面的差异。儿童 A 的故事只是在讲述每个图片呈现的内容，句子和句子之间缺乏内在的关系，好像一个个孤零零的句子罗列起来；儿童 B 表现得好一些，使用了一些连接词，比如用"……时，……"句型把小青蛙逃跑的时间和小男孩、小狗睡觉的时间联系起来（"小男孩和小狗睡觉时，小青蛙偷偷地从瓶子里跳了出来"）。

从动词的使用来看，儿童 A 的故事使用了 21 个动词；儿童 B 使用了 26 个动词（儿童 A 通篇没提找青蛙）。两位儿童都使用过的动词有 15 个。

儿童 B 使用的动词更丰富一些，而且开始出现一些修饰成分，例如"小青蛙偷偷地从瓶子里跳了出来"，也出现了一些表示内心想法和状态的词语，例如"吓了一大跳""高兴起来"等。

儿童 A 讲述的《小青蛙，你在哪儿？》

小宝宝在给小狗吃东西，小青蛙在瓶子里面呢。

有个布娃娃在床上睡觉，青蛙在小瓶子里面出来了。

没了青蛙，小男孩和小狗躺在床上。

小男孩在拿衣服呢，小狗狗在这呢，在照镜子。

小狗在一个空瓶子里，小男孩在叫呢。

小狗跑到空瓶子里面掉下来了，小男孩在窗外面。

他从窗外跳下来把小狗抱住了，小男孩在叫人呢，小狗狗在玩呢。

小狗在看蜜蜂，小男孩在看树洞里面。

看到了小老鼠，小狗在汪汪，在叫呢。

小狗在爬树，小男孩在看里面。

有个大野猪是用树做的，小男孩摔倒了，小狗狗在跑。大野猪想抓住他。

老鹰出来了。小男孩躲在石头后面。

小男孩站在石头上面，老鹰在看他呢。

他被树枝挂起来了。

小鹿在跑呢，下面还有水，他还跑。

小狗在前面追，小男孩在这里，摔倒了，掉到池塘里了。

小狗狗在这里，小狗在汪汪地叫。

终于小男孩又掉到水里了。小狗也掉到河里了。

小狗起来了，小男孩也起来了。

然后他要从河岸上面爬过去。

最后他们终于爬过去了。

有两只小青蛙，还有河呢，还是趴在这。

还是坐在这。小狗狗在这里，看着小男孩。

小男孩在这呢，再见呢，小狗在他身边，也在叫。

儿童 B 讲述的《小青蛙，你在哪儿？》

小男孩和小狗在玩，他们在看小青蛙，小青蛙在空瓶子里。

小男孩和小狗睡觉时，小青蛙偷偷地从瓶子里跳了出来。

小男孩趴在床上看，他说我的小青蛙怎么没了呢？小男孩上衣服里找找，可是这里没有小青蛙啊，小狗在睡觉。

小狗在瓶子里找。

小狗套在瓶子里。小男孩和小狗在外边找他，小男孩喊小狗你在哪？

小狗从窗户上掉了下来。小男孩吓了一大跳。

小男孩抱着小狗，小狗掉到地上，把瓶子给摔碎了。

小男孩和小狗到树林里去找，小男孩喊小狗你在哪？

小男孩在洞里喊小青蛙你在哪？小狗呢想吃蜂蜜。

老鼠从洞里钻了出来。小狗想爬上树去。

蜂窝倒下来了，小男孩上了树，狗在树底下。

小男孩突然从树上掉了下来，小狗就跑，猫头鹰看见了，想吃小男孩。

小男孩躲在石头这，猫头鹰不知道藏在哪？

小男孩站在石头上喊，小青蛙你在哪？

小男孩在梅花鹿上面。

一个骆驼追赶小狗。小男孩爬到了骆驼的背上，小男孩和小狗摔了下去，梅花鹿往下看。

小男孩和小狗掉到泥坑里，小狗挂在树上。小男孩和小狗爬了出来。小男孩在让小狗安静点。

小男孩趴在树枝上面，小狗在吃树枝。

小狗爬了下来看，下男孩看小青蛙原来在这，小狗和小男孩高兴了起来。

小青蛙从洞里爬了出来。小男孩和小狗就往回跑，小男孩就再见呢。

这个青蛙就是最开始的青蛙。

三、在家庭中，如何培养儿童的口语能力

从出生到上学前是口语能力发展的关键时期，而口语能力的发展有赖于丰富的语言环境。这段时期，给儿童的语言输入越丰富，他们获得的口语词汇就越丰富，口语能力也就越强。那么如何营造丰富的语言环境呢？父母是婴幼儿语言输入的主要来源。丰富的语言输入意味着说得更多、用词更多样化、句子长度更长、句式更丰富、更多的开放性问题以及更少的指令性语言，尤其是禁止性和否定性的语言指令；同时还要伴随着高质量的亲子语言互动，包括话轮转换、共同注意、及时反馈、更积极且具鼓励性的回应等，避免词汇单一、缺乏互动。

（一）日常生活中注意语言输入的数量、丰富性和明确性

美国堪萨斯大学的儿童心理学家 Betty Hart 和 Todd Risley 于 1995 年出版了一部影响广泛的著作《意义深远的差异》（*Meaningful Differences*）。该书报告了 3 个来自不同社会经济地位的家庭中亲子谈话的数量和质量，还包括孩子 3 岁前词汇量的发展情况，并跟踪了 6 年后孩子的智商、学业成绩发展状况。报告发现，决定孩子未来智商和学业成绩的因素，并不是家庭社会经济地位，而是父母跟孩子交谈时使用语言的数量和质量！

研究者们选取了 42 个来自白领阶层、蓝领阶层与无业阶层的家庭，研究时间跨度为两年半。研究结果显示，在上述三类家庭中，对孩子语言输入数量

最多的是白领阶层的家庭，其次是蓝领阶层家庭，最少的是领取救济的家庭。这三组家庭的孩子每小时能够听到的词语个数分别为：2153、1251、616。

除了数量上的差异，不同阶层的父母在语言风格上也存在巨大差异。来自白领家庭的孩子，平均每小时听到 32 个肯定句、5 个表示禁止的句子；来自蓝领家庭的孩子，平均每小时听到 12 个表示肯定的句子、7 个表示禁止的句子；来自领取救济的家庭的孩子，平均每小时听到 5 个表示肯定的句子、11 个表示禁止的句子。

父母跟孩子的谈话基本上分为两部分。一部分是在日常生活琐事上的交流，比如吃饭、睡觉、洗澡、玩耍，父母和孩子每天都要重复这些话。

"宝贝儿，该睡觉了！"

"把玩具收起来，这些珠子应该放哪儿呢？"

"要吃饭了，快去把手洗干净！"

另一部分则是日常事务之外的闲谈。研究发现，不同阶层的父母在闲谈的内容上存在比较大的差异。比如外出购物时，有些父母会不厌其烦地讲述孩子感兴趣的每种物品的名称、功能等，而有些父母却只是对孩子说："别碰那些东西！""坐好！"……这两类父母提供给儿童的语言环境截然不同，前者丰富温馨充满互动，后者却把精力放在控制孩子的行为上，语言输入不但少，而且是负面的。

（二）与孩子进行叙述性对话

父母之间也是存在差异的，有些父母生来健谈，有些却喜欢沉默，似乎找不到合适的话题跟孩子交流。这个时候不妨拿一本图画书出来，就图画书的内容与孩子进行叙述性对话（narrative conversations）的活动——问孩子一些可以自由回答的问题、通过语境引导他们学习一些知识。一些干预研究发现，对妈妈进行叙述对话的训练后，孩子们的词汇量有了明显的增长，一年之后，孩子们的叙述能力也得到了提高（Peterson, Jesso, & McCabe, 1999）。

父母在给孩子读故事的过程中，通过提出一些问题，引发父母与儿童之间的会话，加深孩子对故事内容的理解、评价与反思，从而进一步促进孩子的口头语言表达能力。"对话式阅读"也有类似的目的，它是由 Whitehurst 及其合作者（Arnold, Lonigan, Whitehurst, & Epstein, 1994; Valdez-Menchaca & Whitehurst, 1992; Whitehurst et al., 1994）提出的。实验研究证明，这种亲子阅读方式能够改善来自低收入家庭的学前儿童的语言技能。这种共读方式不是传统的"妈妈讲，孩子听"，而是"孩子讲，妈妈听"，成人是引导者、倾听者和启发者，帮助孩子成为讲故事的人。在亲子活动中，孩子参与越多，收获自然也越大。这种方法强调在亲子共读或者幼儿园老师和孩子的共读中，使用一些技巧鼓励孩子成为积极的读者并参与到讲故事中。例如，问孩子一些开放性的问题，问关于"是什么""在哪儿""为什么"的问题，鼓励孩子用自己的话来回答。

对话式阅读最基本的阅读技巧需要遵循 PEER 程序，在这个过程中，家长或者教师要做的事情如下：

- 启发孩子说一些跟故事内容有关的东西（Prompt）；
- 对孩子的反应或者回应进行评估（Evaluate）；
- 通过增加信息或者重新组织语言（或者改述句子），对孩子的反应进行扩展（Expand）；
- 重复上文的启发，以确保孩子从扩展中有所收获（Repeat）。

比如，在与孩子一起读《好饿的毛毛虫》的过程中，可以指着图上的"茧"问孩子：

"这是什么？"（**启发**）；

当孩子回答"茧"时，妈妈说：

"是呢，这是一只茧，一只白色的茧"（**评价 + 扩展**）；

然后问孩子：

"你可以说蚕茧吗？"（**重复**）。

那么在亲子共读的过程中该如何启发孩子呢？Whitehurst 及其合作者提出了五种启发方式，称为 CROWD 法。

1. 完形式启发（Completion prompts） 指的是成人在句子末尾停顿一下，或者遮住句末最后一个词，让孩子把句子补充完整。这种方法常常用于句尾押韵或者有重复短语的图画书。例如，"一只青蛙四条腿，两只青蛙_____，扑通扑通_____。"引导孩子说出"八条腿""跳下水"。儿童自己说出来，就会比较容易意识到"腿"和"水"是押韵的。完形式的启发方式吸引孩子注意并掌握更多的语言结构，这一点对孩子的自主阅读非常重要。

2. 回忆式启发（Recall prompts） 指的是成人就孩子已经读过的内容提一些关于事件发生、发展的问题。例如，与孩子共读《冲冲和蓝色小车厢》时，可以问孩子："你能告诉我，这个故事里的蓝色小车厢发生了什么事吗？"回忆式启发可以帮助孩子理解故事的情节，培养孩子描述事件顺序的能力。

3. 开放式问题（Open-ended prompts） 指的是成人鼓励儿童利用图画等信息设想出多种可能性的答案，引导他们借助丰富而详尽的插图表述故事的细节；问题主要聚焦于绘本插图，对于内容丰富、细节较多的插图尤其适用。可以简单问孩子："这张图里发生了什么事？"开放式问题有助于提高孩子表达的流利性，也有助于孩子注意到细节。

4. 疑问句启发（What-Where-When-Why prompts） 即问一些以"是什么""在哪里""什么时候""为什么"和"怎么"开始的问题。这样的问题一般也是针对绘本图画。通过这样的提问方式，可以引导孩子学习词语、构思情节、厘清情节之间的逻辑关系等。

5. 融入生活体验的问题（Distancing prompts） 指的是引导孩子将书中的图片或词语与实际的生活经验联系起来，帮助孩子在书本和现实之间建立起联系。例如，读《好饿的毛毛虫》时，成人可以问孩子："还记得我们上次在野外看到的毛毛虫吗？"这样的问题可以锻炼孩子的言语表达的流畅性、对话能力和叙述技巧。

绘本贴近生活又超越生活，绘本中的语言都是经过作者的仔细斟酌而选定的，绘本的内容涉及丰富的知识，亲子共读可以帮助孩子积累丰富的词汇量，补充日常生活中接触较少的词汇。

掌握了这样的共读技能，即使是不善言辞的父母，也能够跟孩子就某个主题聊上半天。而且，把绘本中聊过的一些问题扩展到生活中，父母跟孩子的共同话题会越来越多。

语言学习就像一系列连锁反应一样，丰富的语言环境和互动造就了儿童较熟练的语言加工经验，熟练的语言加工经验又帮助儿童更容易从语境中获取更多的词语，小时候学习词语的速度和词汇量又可以深远地影响着未来词汇的学习。特拉华大学幼儿语言发展专家 Golinkoff 及其合作者在《儿童语言期刊》（*Journal of Child Language*）发表的一项研究发现，幼儿在 21 个月时生词学习的效率可以解释 7~10 岁时期理解性词汇量 22% 的变异。

四、幼儿园教师如何培养儿童的口语能力

3~6 岁是儿童语言、认知、思维等各方面迅速发展的阶段，幼儿教师可以通过一些游戏互动把语言和认知思维等能力的发展结合起来，促进儿童各方面能力的迅速发展。

1. 通过语言游戏培养儿童的口语能力

对语音和词语结构的敏感性也是早期口语能力的重要组成部分，幼儿教师可以通过一些语言游戏提高儿童对汉语语音和词语结构的敏感性。

- ✦ 玩声音游戏　比如，听到一个音节拍一下手，听到"小白兔"拍 3 下，听到"蹦蹦跳跳真可爱"拍 7 下；倒着说出音节来，听到"小白兔"，儿童说出"兔白小"。

- ✦ 玩词语游戏　目的是让孩子理解汉语词语的构词方式，更容易理解听到的生词，加速词汇学习过程。跟孩子说"脖子长长的鹿叫长颈鹿，脖子长长的兔子叫什么？"启发孩子说出"长颈兔"。接着问"脖子短短的鹿叫什么？"启发孩子说出"短颈鹿"。经过这样的练习，孩子会逐渐明白汉语构词的规则，听到生词的时候自动运用这些规则来理解生词。

- 词语接龙也是扩展儿童词汇量的好方式。
- 找成员游戏 老师说出语义范畴，鼓励儿童尽可能多地说出该范畴下的"成员"来。

2. 唱儿歌和童谣

儿歌和童谣中包含大量的押韵词，通过吟诵和歌唱，孩子的脑海中会不断地出现这些押韵的词语。这就是元语言意识的一种——语音意识。大量研究发现，语音意识发展较早较好的孩子，词汇积累的速度更快，上学后学习阅读也更容易。下面这些耳熟能详的儿歌中，处处能看到押韵的词语。

"小燕子，穿花衣，年年春天来这里"中"衣"和"里"押韵。

"小白兔，白又白，两只耳朵竖起来，爱吃萝卜和青菜，蹦蹦跳跳真可爱。"中"白""来""菜""爱"是押韵的。

3. 多跟儿童聊天

专门研究幼儿教育的教育家建议，教师和儿童之间经常的、丰富的、非正式的谈话会促进儿童的语言发展（Snow, Burns, & Griffin, 1998）。

4. 注意语言课堂的质量和气氛

课堂质量包括教师对儿童反馈的迅速性和敏感性；课堂气氛包括儿童与儿童、教师与儿童互动中表达的积极关系的程度（Mashburn et al., 2008; Jaeger, 2000, 2002; Pianta, Nimetz, & Bennett, 1997）。

5. 创造同伴交流的机会

观察数据显示，当同伴发起交际信号时，大约有2/3（约68%）的学前儿童会做出回应（Schuele, Rice, & Wilcox, 1995）。因此，同伴在学前课堂提供的语言输入会直接影响儿童的语言发展，教师可以通过一些同伴小组活动创造同伴交流的机会，从而全面提高全班儿童的语言能力。

幼儿口语能力的发展决定了儿童未来阅读能力、书写能力的发展，同时它也是发展幼儿核心素养的基石。下一讲，我们来看看幼儿的阅读能力是如何养成的。

> **接下来，你将看到**
>
> 　　幼儿绘本阅读教学基于整合式的教学理念，将语言学习与其他学科的教学目标相融合。绘本阅读可以培养幼儿的阅读兴趣、发展幼儿的语言能力，引领幼儿感知世界、探究世界，发展幼儿的核心素养。我们在这一讲中会介绍幼儿语言发展特点与阅读教育的关系，阐释绘本的选择以及绘本教学的五步教学法，并提供详细的教学案例。

第3讲

阅读课——
幼儿绘本教学新模式

一、符合幼儿心理发展的绘本阅读教育

幼儿园的教学计划应与幼儿身心发展特点相匹配。幼儿的绘本阅读教育以培养幼儿语言能力为基础，同时遵循人文教育教学的五大原则（见第1讲），培养幼儿的核心素养。语言能力是儿童在与成人不断的语言交流中，在与阅读素材的不断碰撞中逐渐发展起来的。从出生到入学前，幼儿的语言能力发展迅速，其发展的主要特点见表3-1。

表3-1 儿童语言能力发展阶段及成人的主要任务

年龄段	语言能力发展及成人的主要任务
6个月~1岁	婴儿能够注意到声音和语音，能够识别面部表情和语调。 **成人的主要任务**：这个阶段要多与宝宝语言交流、身体抚摸和拥抱，增加宝宝的安全感，训练宝宝发声练习。
1~2岁	幼儿能够对动作命令以及自己的名字有反应，能够理解某些手势的涵义，如再见。 **成人的主要任务**：成人要多与宝宝语言交流、身体抚摸和拥抱，增加宝宝的安全感，要尽可能地给孩子提供语言交流的机会，如对话、讲故事。

续表

年龄段	语言能力发展及成人的主要任务
2~3 岁	幼儿能够指出身体的主要部位、衣服、玩具、食品等，能够理解包含两个动作的语句。 **成人的主要任务**：在这个阶段，成人要尽可能多地为孩子提供语言交流机会，如对话、讲故事；让小朋友开始了解图书、阅读绘本等；鼓励孩子与其他小朋友交流、一起做游戏。
3~4 岁	幼儿能够理解包含 3 个动作的语句，能够理解更长和更复杂的语句。到 4 岁时，幼儿的口语词汇可以达到 1 500 个左右。 **成人的主要任务**：在这个阶段，成人要鼓励幼儿与其他小朋友交流、一起做游戏，在表达中使用更多的词汇；了解生活习惯和规则，理解如何服从规则，听从老师指令等。
4~5 岁	幼儿能够听懂其他人的对话，词汇量继续扩大，理解颜色、形状；能够排序、分类（如食品、动物）等。 **成人的主要任务**：在这个阶段，成人要鼓励幼儿多与其他小朋友交流、一起做游戏；了解生活习惯和规则；鼓励小朋友多看、多说，语句表达要逐步完整。
5~6 岁	幼儿能够听懂其他人的对话，能够听懂多步骤的指导语，词汇理解进一步提高。 **成人的主要任务**：在这个阶段，成人要鼓励幼儿多与其他小朋友交流、一起做游戏；了解生活习惯和规则；鼓励小朋友多看、多说；语言表达、逻辑关系逐渐清晰，词汇越来越丰富，语句逐步完整。

从婴儿呱呱落地开始，成人就要为婴儿提供丰富的语言环境，不断地通过语言与其互动，这种互动有助于增加他们的安全感、愉悦感，同时对他们的神经系统的发育也至关重要。婴幼儿与成人的不断交流，包括对话、讲故事等活动（见图 3-1），是其早期语言能力发展的关键，也是其基础思维能力、核心素养养成的基石。

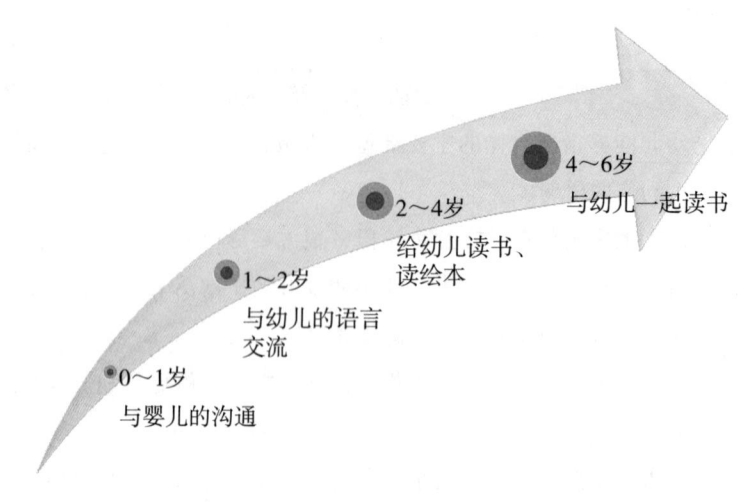

图 3-1 婴幼儿语言能力发展阶段与相应的语言活动

根据幼儿的生理和心理特点，可将幼儿的阅读教育分为三个主要阶段（见图 3-2）。

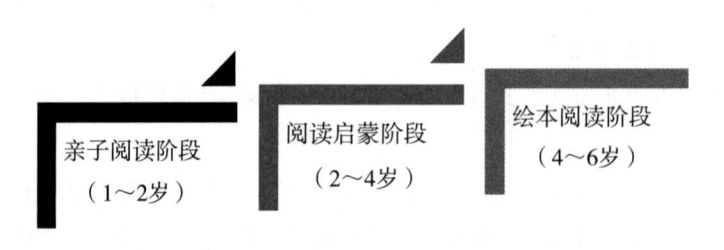

图 3-2 幼儿阅读教育的三个阶段

亲子阅读主要针对 1~2 岁幼儿。父母或者其他主要养育者通过讲故事、做游戏的方式让幼儿接触语言，理解口语，并培养幼儿的想象力和口语表达能力。

2~4 岁时，是幼儿口语快速发展的时期，我们称这一时期为阅读启蒙阶段。在这个阶段里，幼儿开始接触绘本，通过看图讲故事的方式，发展幼儿的想象力和口语表达能力，并培养幼儿对书和阅读的兴趣。

进入 4~6 岁，也到了幼儿从口语向书面语言的转折期，是幼儿语言能力发展的关键时期。在这个阶段，幼儿应尽可能多地接触不同的绘本，熟悉书面语言的表达形式，通过各种教学活动，培养幼儿对语言的理解能力、表达能力，提高幼儿的审辩思维能力和创造力。因此，这一阶段也被称为绘本阅读阶段。

二、为什么要选择绘本

（一）绘本：幼儿学习的最佳载体

儿童绘本的出版历史悠久，在中国，富有传统特色的民间画本、小人书也颇为盛行。近几年，随着全社会对儿童阅读活动的高度重视，全球多个国家、多种绘画风格、多种故事主题的绘本受到了越来越多读者的喜爱。

对于小朋友来说，好的绘本由简单文字和漂亮画面构成生动的小故事，可以吸引他们的注意，激发他们阅读的兴趣；这些故事里同时蕴藏着许多知识和道理，故事的主题可与社会道德、价值观、健康、科学、语言或文化等内容有关，学习起来生动、有趣、易理解；绘本中的图画往往会用一些夸张的手法表现内容，画中的线条、符号都可以给幼儿很大的想象空间；书中简单、重复性高的词汇也能让幼儿的口语能力和书面语言能力得到强化和提高。

优质绘本一般有以下六个特点

- 图画精美，设计巧妙，极易吸引幼儿的目光；
- 图画与文字对应，易找到图画－词汇的对应关系，易于词汇识别；
- 文字的选择和使用均为高频词汇、常用词汇，利于儿童阅读；
- 故事语句简短，朗朗上口，易读易认；
- 故事虽短，却有情节，往往会有意外的结果，易激发幼儿的阅读兴趣；
- 不同的故事会涉及不同的主题，能够帮助幼儿取得更多语言能力之外的收获。

比如，曾获得多项绘本大奖的佳作《大卫，不可以》。该绘本的图画比文字更丰富，用生动、活泼、夸张的画法描绘了一个天真无邪、把家里搞得一团糟的小男孩的故事，他的行为总让妈妈又生气又好笑。大卫的恶作剧包含了一些常见的幼儿不良行为，与孩子的生活非常贴近，孩子们阅读时不禁哈哈大笑，在大笑之后，孩子们也体会到，为什么妈妈总说"大卫，不可以！"该绘本文字不多，适读儿童的年龄范围比较宽泛，但要把每幅图画描述清楚，仍需要比较好的口语表达能力。考虑儿童阅读能力与思维能力的发展阶段以及书中涉及的行为和健康的主题，它较适合 5 岁以上小朋友的阅读与思维教学。

（二）绘本与阅读分级

在一般意义上，绘本通常是指为儿童阅读而创作的图文并茂的图书，但它并不等于"图画书"，儿童绘本特别强调图与文的内在联系。

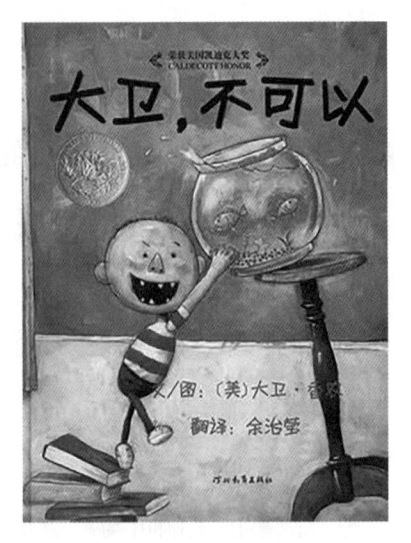

《大卫，不可以》
河北教育出版社出版

绘本，不仅仅让孩子学会阅读、培养孩子的阅读兴趣，它还是有效的教育载体。教师可以将绘本故事的主题延展成整合式学习项目，培养儿童 5C 核心素养；结合绘本内容，通过项目式学习，教师可以引导孩子将课堂内容与自己的生活经验相结合，通过亲自参与，让孩子更好地理解语言传递的内容；根据幼儿的心理特点，教师进一步将学习活动设计成不同的游戏形式，让孩子们在玩中学、学中玩；通过活动的拓展，让孩子们感知世界、探索世界；通过提问式学习，引导孩子深入思考，让孩子们主动探索、分析、推理和反思；通过合作讨论，小朋友一起找到解决问题的办法，一起设计和制作产品，一起表演和分享，让幼儿体验到合作的益处和乐趣。

在图书市场中，优秀的绘本不胜枚举，如果引入绘本教学，首先需要根据幼儿的阅读能力对绘本进行分级；其次要考虑故事主题是否涉及文化、艺术、健康、科学和社会等课程内容。除了培养幼儿的阅读兴趣，了解和生活有关的各类知识外，绘本还是一个学习的载体，通过绘本的主题，教育者可以将"一本书"扩展成一个整合学习项目，并通过项目式教学，有效地培养幼儿的核心素养。

小朋友从 2 岁开始就可以阅读绘本。在选择图书时，不仅要考虑儿童的阅读兴趣，还要清楚了解图书的阅读难度，分级选择合适的绘本。

什么是分级阅读？分级阅读的概念已经有几十年的历史，是一种被学校和教师普遍认可的读物选题系统。分级阅读并非只有一套标准，它是根据年级、年龄和儿童的阅读水平划分读物等级的分级体系，其中"蓝思阅读体系"（Lexile Framework for Reading）是最流行的分级体系，这一体系帮助读者了解自己的阅读水平，并据此选择难度适中的读物。

对儿童图书进行分级，有以下三个好处：

（1）在童书显著位置标明适合阅读本书的年龄及阅读水平，让老师和家长在面对琳琅满目的图书时，不再无所适从，方便选择和购买。

（2）分级读物对有阅读困难的儿童来说有着非常重要的意义。了解儿童读物的阅读级别，就可以为儿童选择难度适宜的图书，针对儿童的阅读困难与问题，有的放矢地帮助儿童提升阅读能力。

（3）阅读分级不仅对儿童阅读能力的提高有帮助，同时也可以在公共服务领域发挥作用。如保险行业、医药行业、律师行业、航空业等公共服务领域中，常见的指导手册、指导语、合同、条款等文件的编写都需要符合服务对象的阅读水平，否则就达不到"指导语"的目的。如果有了阅读分级的标准，就可以明确这些文件的阅读难度级别，从而选择使用相应级别的词汇。

（三）儿童绘本分级的标准有哪些

那么，儿童绘本分级的标准是什么呢？分级标准的制定涉及很多因素，如图画的复杂程度、文字的使用频率、文字笔画的多少、句子长度及故事长短等。分级绘本是根据儿童的阅读水平设计的，不同阅读水平的儿童可以选择相应级别的图书；儿童还可以根据兴趣差异，选择不同内容的绘本。目前，在国际上比较流行的阅读分级方法有以下四种：

1. 林斯尔怀特阅读分级法　这种分级系统统计的数据是：在一定的句子数内，简单字数与复杂字数的比例，再加权计算得出图书的级别。

2. 蓝思阅读分级法　蓝思阅读分级法是由 Jackson Stenner 博士和 Malbert

Smith Ⅲ博士共同提出的。这一分级系统检测读者阅读能力的同时，还会评价图书的难易程度（也称蓝思图书适读性指数，Text Readability）。该分级法将阅读能力与图书适读性指数对应匹配，得到美国中小学的广泛使用，其配套的阅读能力测试被称为 SRI（Scholastic Reading Inventory）。

3. Fry 图书难度指数　该分级法由 Edward Fry 提出，它以 100 个字的段落内的句子数及音节数为分级标准，也得到很多学校系统的青睐（见图 3-3）。

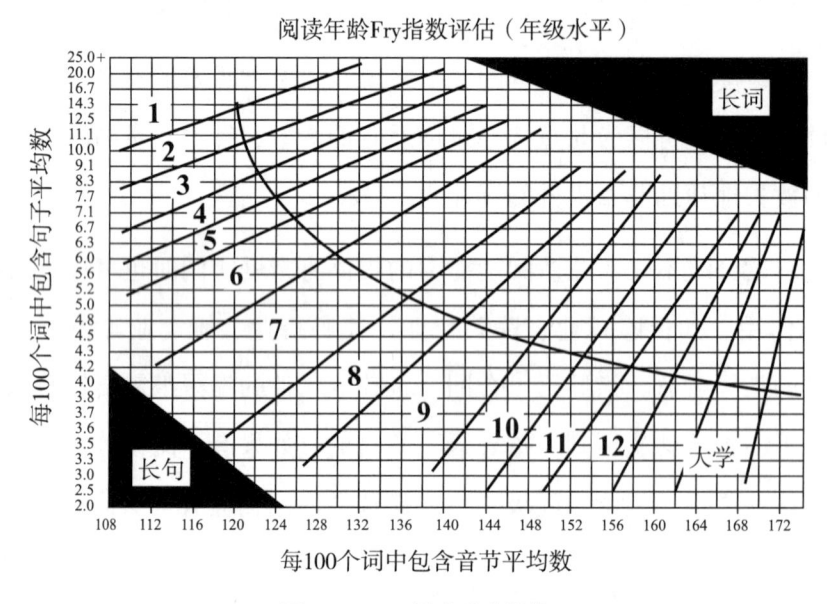

图 3-3　Fry 图书难度指数

4. 还有一个非常值得了解的阅读分级方法——凡塔斯和皮内尔阅读水平系统（Fountas & Pinnell, 1996），它是一套适用于学前～小学八年级的阅读分级系统。这个系统考虑了诸多方面的因素，比如，长度（页数、字数和行数）、排版（字体类型、大小、字距）、呈现形式（短语位置、句子位置、文字和图画的位置等）、配图（图画数量、图画与文字的关系）、内容的熟悉度、主题的复杂性、故事结构（内容的可预测性、故事类型、结构设计的复杂性、人物和情节背景的清晰性等）、信息（组织等）、字（高频字的数量、多音字的数量、难字的数量）、词汇的广泛性、句子复杂性、作者观点等。

（四）儿童绘本图书的分类

故事绘本的分类可以有多种划分方法。最简单的划分包括两类：故事类绘本和非故事类绘本。故事类绘本又可分为民间故事、科幻故事、小说、神话故事等。它是由作者根据现实杜撰的故事。如《水果选美比赛》的故事就是以现实的选美比赛为蓝图，将水果拟人化编写的故事。非故事类绘本是作者对事实或真实事件的讲述，如科学故事、历史故事、人物传记故事、新闻和散文故事等。如绘本《蜘蛛》就属于科学类故事绘本，书中集中介绍了蜘蛛的特点和生活习性。通常，非故事类绘本需要更高的标准。故事类绘本中的一些细节是无法验证的，而非故事类绘本则要以事实为依据，否则就会失去可信度。

（五）儿童绘本图书的选择

影响绘本选择的主要因素包括：阅读的目的、幼儿的阅读兴趣、幼儿的阅读能力、幼儿的年龄。根据不同用途，绘本还可以分为教学用绘本（精读）和家庭用绘本（泛读）。教学用绘本要考虑系统的教学目标、儿童年龄和绘本类别。在幼儿园阶段，教师需要考虑教学目标和各类教学主题的平衡，选择的绘本故事要包含文化、语言、健康、科学和社会主题，同时要根据阅读分级的原则，将绘本分为幼儿绘本、初级绘本、中级绘本和高级绘本（见表3-2）。

表 3-2　幼儿园教学绘本的分级原则

绘本分级	对应年级	简要原则
幼儿绘本	托育	以图画为主
初级绘本	小班	以图画为主，配有重复出现的简单词汇或语句
中级绘本	中班	以图画为主，配有简单语句和复合语句
高级绘本	大班	以图画为主，配有简单语句、复合语句和较为复杂的故事设计

家庭用绘本主要以幼儿的阅读兴趣为主，图书中生字词的占有率要在 25% 以下——如果生字词太多，儿童就会失去阅读的兴趣，所以图书的难度要适中。家庭用绘本的简要选择原则可见表 3-3。

表 3-3　家庭用绘本的简要选择原则

适读年龄	适合的绘本
0~1 岁	这个年龄段的婴儿适合看图画比较大、清晰、构图简单的绘本；多是布质或者厚纸板图书。
1~2 岁	1~2 岁的幼儿开始对周围的事情感兴趣，会走路的幼儿也开始接触更多的事物，所以家长可以选择一些图画较多或配有简单的词汇、与日常生活相关的绘本。
3~4 岁	3~4 岁的幼儿活泼好动，想象力丰富，他们开始对有故事情节的绘本产生兴趣；这个阶段的绘本从图画到文字内容都越来越丰富，要培养幼儿学会观察图画细节，边看边说。
5~6 岁	5~6 岁的幼儿通常已经进入幼儿园大班学习，他们不仅对周围事物有细腻的观察，还能表达自己的想法，所以绘本的选择要注意图画构图和细节的丰富性，文字也要有简单句型和复杂句型的混合，要涉及不同主题的故事，这样的绘本不仅能培养幼儿的想象力，还能增进思维能力的养成。

三、幼儿绘本阅读教学

（一）绘本教学的主要目标：整合且有针对性

教学目标的制定是建立在对整个教学内容、过程和教学结果的整体分析与系统理解之上的。教学目标是整个教学活动的指南，它既是活动内容、活动组织方式和教学策略的选择依据，也是活动评价的标准。具体到绘本教学中，教学目标的制定要符合幼儿身心发展的特点和认知规律；要具体、明确，有较强的针对性；要根据不同的年龄水平、不同科目的特点，为每个年龄段、每个故事甚至每堂课制定不同的教学目标。在设计每一堂绘本课时，还要针对绘本本身的特点，使教学目标更为具体。总之，教学目标越准确、越细致，教学活动的设计思路就越清晰，教学结果的评估也就越到位。一堂绘本课的教学目标可见图 3-4。

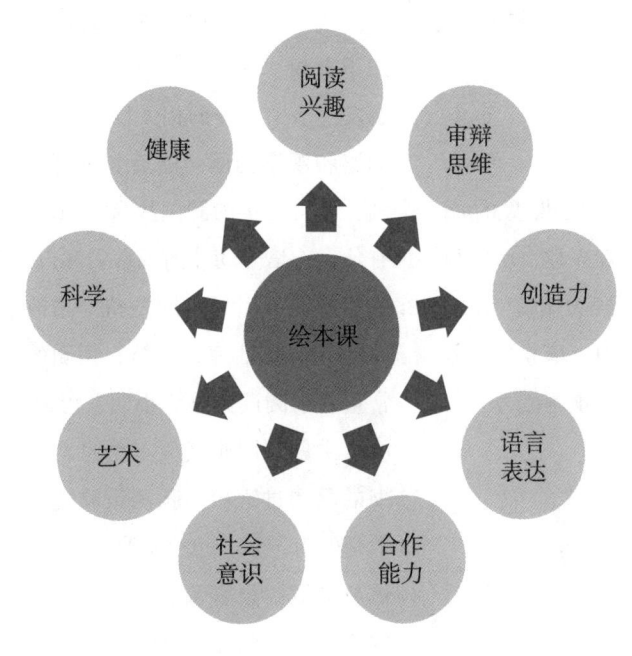

图 3-4 绘本课的教学目标

（二）绘本教学的创新模式：五步思维教学法

在多年的绘本教学实践中，我们将绘本课堂教学拆分成五个步骤，每个步骤都有不同的教学方法和教学目标，在循序渐进中，更好地培养儿童的阅读能力和思维能力，我们称这种教学模式为"五步思维教学法"（见图 3-5、表 3-4）。

1.故事导读
- 知识背景
- 浏览图画
- 故事预测

2.基础阅读
- 信息提取
- 词汇
- 重点句

3.深层阅读
- 找一找
- 想一想
- 说一说

4.创造性阅读
- 评一评
- 创一创
1)改编/写作
2)设计
3)产品制作

5.作品分享
- 作品展示
1)解释
2)表演
3)辩论
4)演讲

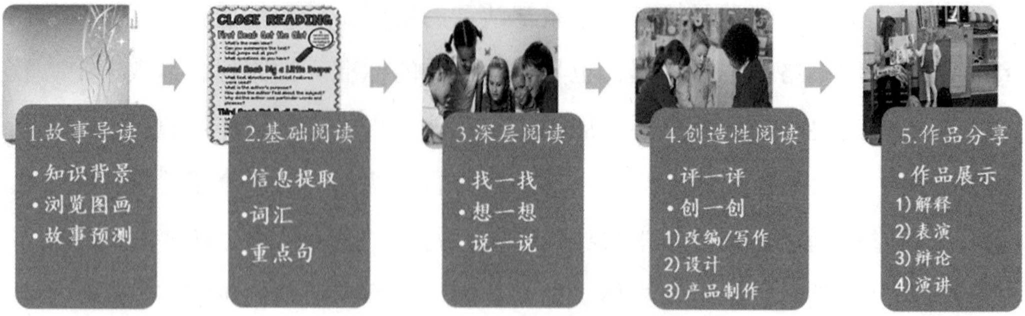

图 3-5　绘本课的五步思维教学法

表 3-4　绘本课的五步思维教学法详解

教学阶段	教学目标	教学过程
步骤一 **故事导读**	激发儿童的阅读兴趣；培养观察力和口语能力；培养想象力和预测能力	1. **知识背景**　聊一聊和该故事主题有关的话题，唤起小朋友生活中已有的相关经验。 2. **浏览和观察图画**　随后老师可以让小朋友浏览故事图画（没有文字的图画故事），让小朋友仔细观察图画中有什么，培养幼儿的观察力和口语表达能力。 3. **故事预测**　引导小朋友猜一猜故事讲了什么，培养幼儿的分析、推理、总结、预测的能力。预测是一种非常重要的阅读策略。小朋友可以通过已有的知识经验、故事主题、图画线索等信息对故事进行预测，在图画书的翻阅过程中，预测策略还会不断地进行调整。在教师的引导下，也会提高儿童审辩思维的能力。
步骤二 **基础阅读**	培养幼儿的语言理解和表达能力；逐步掌握词汇与句型	1. **信息提取**　故事预测之后，小朋友会非常想知道这个故事到底讲的是什么，这时就进入了第二个阶段，老师可以展示图画故事（带有文字的图画故事）。 2. **指读与重复**　一页一页地、用手指指着文字，慢慢地读给小朋友，小朋友会一边看着图画，一边听着老师的声音，一边看着老师指向的文字。这个过程很重要，小朋友会通过重复阅读逐渐认识老师指向的文字，这里有两个关键词——"指读"和"重复"，在绘本教学中，老师要特别注意使用"指读"，并且要以多种阅读方式鼓励小朋友的"重复"阅读。

续表

教学阶段	教学目标	教学过程
步骤二 **基础阅读**		3. **词汇与重点句** 在阅读过程中，老师还要讲解幼儿不太熟悉的词汇和句型，一方面通过幼儿的重复阅读，另一方面可以设计一些游戏活动，如图画与词汇的连线游戏。在词汇学习过程中，可以学习概念的分类，如颜色、味道、大小等；还可以让小朋友学习如何使用标准的语句（书面语言）完整表达。 这个阶段学习与故事有关的知识，增进幼儿的语言理解能力和语言表达能力。
步骤三 **深层阅读**	通过讨论的方式回答问题；培养审辩思维能力、语言表达能力和合作能力	让小朋友组成小组，通过讨论的方式回答问题。 1. 有效问题的提出也是重要的阅读策略之一。在讨论之前，还要鼓励小朋友再次阅读故事。 2. 小朋友可以一起讨论每个问题。教师可以提前准备三类问题： 1）**找一找**，小朋友可以在故事中找到答案； 2）**想一想**，答案在故事中无法直接找到，需要小朋友通过分析、推理得出； 3）**说一说**，需要小朋友具有更进一步的审辩思维能力、语言表达和合作能力。
步骤四 **创造性阅读**	培养创意能力、合作能力、动手能力和问题解决能力	1. **评一评**，这一阶段，我们对儿童的阅读又提出了更高的要求。教师可以让小朋友们针对绘本故事评一评："小朋友你喜欢这个故事吗？喜欢这个人物吗？为什么？如果不喜欢，为什么？如果你是小作家，你想怎么写这个故事呢？"通过这样的引导，可以带领儿童进入特别设计的创意活动中。 2. **创一创**，老师可以根据故事特点设计创意活动，让小朋友们创一创。比如故事改编、戏剧表演、绘画、手工制作、科学探索等。建议以小组活动的方式完成，在这个过程中可以培养幼儿的创造力、小组合作能力、动手以及解决问题的能力。

续表

教学阶段	教学目标	教学过程
步骤五 **作品分享**	培养表达能力、逻辑思维能力和自信心	这个阶段需要儿童将创意制作的"**产品**"展示给大家。创意"产品"可以是绘画、舞蹈、戏剧、故事、手工、实验等；如果是故事、绘画、手工或实验，还需要小朋友解释一下：做的是什么？为什么要做这个？怎么完成的？这个环节的目的是培养儿童的表达能力、逻辑思维能力和自信心。

四、教学实例：从"一本书"到"一堂课"

儿童的绘本阅读教学以培养儿童的核心素养为目标。从儿童绘本故事内容出发，将相应的教学内容分为人文教育和科艺教育两种，根据教学需要进一步细分为文化、艺术、社会、健康、科学等。在教学过程中，每一本绘本对应的阅读课程设计就是一个整合式阅读课，在这样的整合式阅读教学中，不仅可以通过"阅读"这样一个小的切入口开阔儿童视野，还可以整合多学科知识内容，通过拓展丰富的课堂活动，如戏剧表演、创意美术、故事创作、创意手工、科学探究、音乐律动或健康厨房等，提升儿童的核心素养。

从"一本书"到整合型绘本课 3-1

©5C 教育研究院版权所有,扫描书后二维码,获取免费电子版绘本

1.《水果选美比赛》教学计划

绘本名称	《水果选美比赛》
适用组别	5~6 岁
内容介绍	一年一度的水果选美大赛开始了,每个水果选手精心打扮,靓丽登场,"最美水果"荣誉最终花落谁家,我们拭目以待。 (本书在文字设计部分增加了一些**书面语言**,让 5~6 岁的小朋友慢慢熟悉书面语言的表达方式,为上小学做好充分准备。这个绘本的设计也很适合小朋友改编成**舞台表演**。)
教学主题与教学目标	教学主题:健康 教学目标: (1)提高幼儿的阅读兴趣; (2)培养幼儿的口语表达能力; (3)能熟练阅读以下词汇:西瓜、猕猴桃、桃子、香蕉、苹果、草莓、葡萄; (4)了解各种水果的名称、特点,会使用恰当的语言描述水果的特点; (5)了解水果与健康的关系; (6)培养儿童的审辩阅读能力; (7)培养儿童的手工制作与创造力; (8)培养儿童的团队合作能力。
教学计划	共 5 个课时,每个课时约 30 分钟

2. 绘本课五步教学过程

教学步骤一：故事导读

教学目的：激发儿童的阅读兴趣。

（1）老师可以让每位小朋友带来1~2个水果，问问小朋友："喜欢吃什么水果？为什么喜欢？它们是什么味道？什么颜色？不喜欢吃哪些水果？为什么？"这样的讨论会让小朋友进入"水果"的世界。聊一聊和该故事主题有关的话题，唤起小朋友生活中已有的相关经验。

（2）浏览故事图画（没有文字的图画故事），让小朋友仔细观察图画中有什么，培养幼儿的观察力和口语表达能力。

（3）引导小朋友猜猜故事讲的是什么。培养幼儿的分析、推理、总结、预测的能力。在老师的引导下，小朋友的预测能力会不断提高，培养儿童的审辩思维能力。

教学步骤二：基础阅读

预测故事之后，小朋友会非常想知道这个故事到底讲的是什么，这时老师可以展示带有文字的图画故事。

（1）一页一页、用手指指向文字，慢慢地读给小朋友。小朋友会一边对照图画，一边跟着老师的声音，一边看向老师指出的文字。这个过程很重要，小朋友会通过重复阅读逐渐认识老师所指的字。老师要特别注意使用"指读"，并且要以多种阅读方式鼓励小朋友的"重复"阅读。

（2）在阅读过程中，老师还要讲解一些幼儿不太熟悉的词汇和句型，一方面通过幼儿的重复阅读；另一方面可以设计一些游戏活动，如图画与词汇的连线游戏（见图3-6）。

图 3-6 连线游戏

（3）在词汇学习过程中，可以学习概念的分类。如按照颜色、味道、大小等规则分类。

（4）还可以让小朋友学习如何使用比较句型。如比较水果，"西瓜最大，苹果比草莓大，葡萄比草莓甜"等。

（5）节律运动操。让小朋友一起做有节律的踢腿、叉腰等运动操，喊着"1，2，1，2……"的节奏。老师将准备好的词汇卡片随机呈现，小朋友将看到的词汇大声读出来，如，"1，2，西瓜，1，2，苹果……"这个游戏活动可以帮助小朋友更加有效地识别故事中的词汇。

教学步骤三：深层阅读

让小朋友组成小组，通过讨论的方式回答问题。在讨论之前，还要鼓励小朋友再次阅读故事，一起讨论每个问题。

（1）我们可以准备这样三类问题：

找一找，可以在故事中找到答案；

想一想，在故事中无法直接找到答案，需要小朋友分析、推理得出；

说一说，需要小朋友具有更高级的思维能力，如比较、对比等整合分析能力。

a. 哪些水果参加了选美比赛？**（找一找）**

b. 最后谁胜出了？为什么？**（想一想）**

c. 西瓜和桃子的特点有哪些不同？**（说一说）**

d. 水果选美的标准是什么？你认为的标准是什么？**（说一说）**

（2）拓展：我们还可以组织小朋友想一想，西瓜和葡萄的三个共同特点是什么（见图3-7）。请小朋友讲一讲最爱吃的水果和最不爱吃的水果，说一说理由。

（3）讨论：水果为什么和我们的健康有关系呢？

请小朋友讲一讲水果的三个共同特点：
1.＿＿＿＿＿＿＿＿＿＿＿＿＿＿＿＿
2.＿＿＿＿＿＿＿＿＿＿＿＿＿＿＿＿
3.＿＿＿＿＿＿＿＿＿＿＿＿＿＿＿＿

请小朋友讲一讲最爱吃和最不爱吃的水果，为什么？

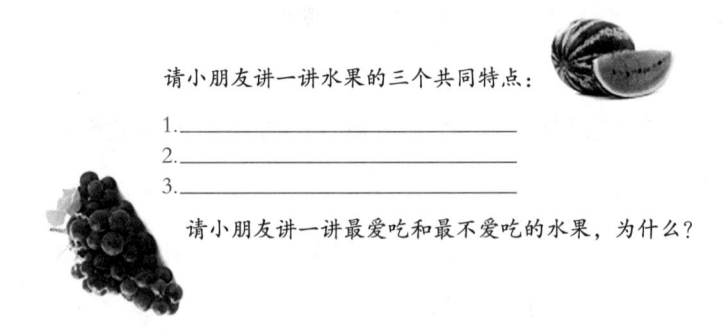

图3-7 西瓜和葡萄有哪些共同点？

教学步骤四：创造性阅读

老师可以根据每个故事的特点设计一个创意活动，如故事改编、戏剧表演、绘画、手工制作等。《水果选美比赛》可以拓展成一个舞台剧，在这个过程中，小朋友可以共同完成以下任务：

（1）分组讨论，制定水果选美比赛的标准；

（2）每人选择一种水果，将水果画出来，制作成头饰；

（3）每个小朋友准备好自己的台词，介绍自己扮演的水果的特点；

（4）进行排练。

教学步骤五：作品分享

这个阶段鼓励儿童将创意制作的"产品"展示给大家。每个小组轮流上台表演，其他小朋友做裁判，选出各组的水果冠军。

从"一本书"到整合型绘本课 3-2

©5C 教育研究院版权所有，扫描书后二维码，获取免费电子版绘本

绘本名称	《意外惊喜》
适用组别	5 岁组
教学形式	戏剧表演
内容介绍	该绘本主人公是小狗熊一家人。熊宝宝想为妈妈、爸爸准备一个礼物，给他们一个意外惊喜。在爷爷的帮助下，熊宝宝终于如愿以偿，它采了一筐蓝莓送给妈妈、爸爸。
教学过程	1. 第一步：故事导读，观察绘本图画，预测故事。 2. 第二步：基础阅读，主要学习阅读的方法，理解每句话的意思，学习重点的词汇和句型。 3. 第三步：在基本的阅读基础上，进入深层阅读，通过提问、讨论的方式引导小朋友思考问题，提高儿童的审辩思维能力。 这个意外惊喜是什么？ 这个意外惊喜是怎么得到的？ 你想给妈妈、爸爸带去意外惊喜吗？你有什么计划？ 鼓励小朋友提问题，思考并找出解决方案。 4. 第四步：创造性阅读，基于绘本故事的主题，设计延展项目，如故事改编、手工制作、戏剧表演、社会实践等活动。将小朋友分组，讨论实施计划、方案及步骤。通过故事的延展活动，培养儿童的创造力、团队合作能力以及社会意识等。 5. 第五步：作品分享，小朋友将延展活动的成果展示出来。通过这个活动，培养儿童的表达能力以及自信心。

续表

绘本名称	《意外惊喜》
教学延展	1. 该故事的文本形式有很多对话，比较容易改编成戏剧表演。 2. 可以在教学中设计一个"演一演"环节。四个小朋友一组，每人扮演一个角色，表演"意外惊喜"的故事。
核心能力的培养	1. **动手能力与创造力** 让小朋友动手制作小头饰（熊爸爸、熊妈妈、熊宝宝和熊爷爷）。 2. **语言能力与创造力** 戏剧表演会吸引孩子们的兴趣，他们会对故事反复阅读，同时训练孩子们的语言理解与表达能力，激发故事改编的创造能力。 3. **审辩思维能力** 在阅读过程中通过对故事内容、人物、故事线索、逻辑关系等方面的分析推理，培养儿童的审辩思维能力。 4. **社会意识** 通过熊宝宝想为妈妈、爸爸准备礼物的故事，培养儿童的家庭意识，融洽家庭成员之间的关系，这个故事也可以延展活动到社区，让儿童了解和感谢为社区服务的爷爷、奶奶。 5. **团队合作** 小组讨论和戏剧表演是小组合作活动，这个过程可以培养儿童的团队意识。

从"一本书"到整合型绘本课 3-3

©5C 教育研究院版权所有，扫描书后二维码，获取免费电子版绘本

绘本名称	《风筝小姐》
适用组别	3 岁组
教学形式	与艺术有关的教学活动
内容介绍	该绘本以"风筝小姐"的视角，描述了风筝从制作时的紧张心态，到飞上天空时的兴奋状态。风筝越飞越高，它看到了家和朋友，看到了城市、高楼、汽车和火车，看到了长城、高山和河流。
教学过程	1. 第一步：故事导读，观察绘本图画，预测故事。 2. 第二步：阅读理解，主要学习阅读的方法，理解每句话的意思，学习重点的词汇和句型。 3. 第三步：在基本的阅读基础上，进入深层阅读，引导小朋友思考问题；通过提问、讨论的方式引导小朋友思考问题，提高儿童的审辩思维能力。 风筝小姐看到了什么？ 为什么风筝小姐心跳得砰砰响？ 你从哪些细节判断出风筝小姐越飞越高了？ 鼓励小朋友提问题，思考并找出解决方案。 4. 第四步：创造性阅读，基于绘本故事的主题，设计延展项目，如故事改编、手工制作、戏剧表演、社会实践等活动。将小朋友分组，讨论实施计划、方案及步骤。通过故事的延展活动，培养儿童的创造力、团队合作能力以及社会意识等。 5. 第五步：作品分享，小朋友将延展活动的成果展示出来。通过这个活动，培养儿童的表达能力以及自信心。

续表

绘本名称	《风筝小姐》
教学延展	1. 阅读故事之后，需要将活动做一个延展，设计成一个与艺术活动有关的主题项目。 2. 设计三个小游戏： （1）走迷宫游戏 　　这个游戏培养儿童精细动作的能力，也是前书写的准备活动。 （2）数字游戏 　　这个游戏培养小朋友了解数字 1~17 的顺序，并用预测的方式完成游戏。这个过程包含了对儿童推理能力的培养。 （3）请小朋友设计属于自己的风筝 　　只能用三角和方块两种图形设计自己的风筝，看看谁的设计最有创意，谁的设计最漂亮。并请小朋友展示和介绍自己的作品。

游戏一　走迷宫游戏

从起点走出迷宫，用笔画出路线。

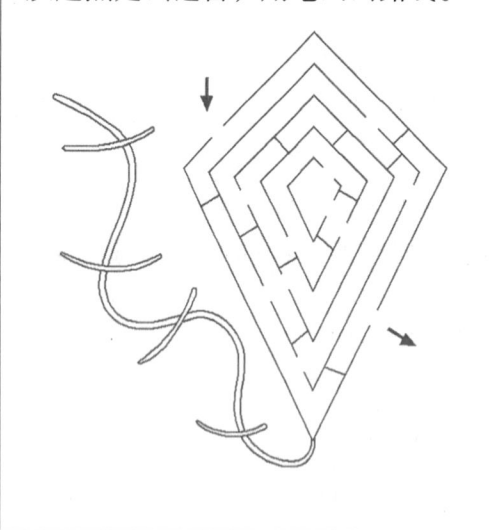

游戏二　数字游戏

用数字填补空缺。

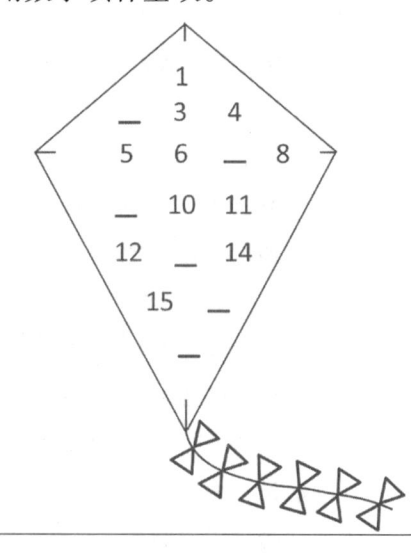

```
       1
    3     4
  5   6  _  8
    _  10  11
  12   _   14
     15   _
        _
```

从"一本书"到整合型绘本课 3-4

©5C 教育研究院版权所有,扫描书后二维码,获取免费电子版绘本

绘本名称	《跷跷板》
适用组别	3 岁组
教学目标	将绘本主题拓展为与科学有关的教学活动
内容介绍	该绘本讲述了小动物们玩跷跷板的故事。小狗、小猴子、小鹿和小象分别站上跷跷板,由于他们的重量不同,跷跷板一会儿这边翘起来,一会儿那边翘起来。
教学过程	1. 第一步:故事导读,观察绘本图画,预测故事。 2. 第二步:阅读理解,主要学习阅读的方法,理解每句话的意思,学习重点的词汇和句型。 3. 第三步:在基本的阅读基础上,进入深层阅读,引导小朋友思考问题。 跷跷板的左边和右边分别有哪些动物呢? 为什么小鹿站到小狗这边,跷跷板会往小狗这边倾斜呢? 为什么大象站上来后,小狗就被弹出去了呢? 鼓励小朋友提问题,思考并找出解决方案。 4. 第四步:创造性阅读,基于绘本故事的主题,设计延展项目。 5. 第五步:作品分享,小朋友将延展活动的成果展示出来。通过这个活动,培养儿童的表达能力以及自信心。
教学延展	设计四个小游戏: (1)比一比游戏。让小朋友看图说话,看一看、比一比、说一说"跷跷板哪边重,哪边轻"。

续表

绘本名称	《跷跷板》
教学延展	（2）称一称游戏。让小朋友做一个推理游戏，学习了解"等于"的概念。 （3）折纸制作一个跷跷板。 （4）用"跷跷板和小动物们"的主题讲一个小故事，看看谁的故事最有趣，谁的语言表达最清楚。 通过绘本的学习，小朋友不仅阅读了故事，还学习了"轻""重""等于"的概念；通过手工活动，培养了儿童的动手操作能力。

从"一本书"到整合型绘本课 3-5

©5C 教育研究院版权所有,扫描书后二维码,获取免费电子版绘本

绘本名称	《植物》
适用组别	4 岁组
教学目标	将绘本主题拓展为与健康有关的教学活动
内容介绍	该绘本内容讲述了老师带领小朋友参观菜园的故事。在参观过程中,让小朋友们了解什么是植物以及它的基本结构,比如根、茎、叶、花和果。
教学过程	1. 第一步:故事导读,观察图画,预测故事。 2. 第二步:阅读理解,学习阅读的方法,理解每句话的意思,学习重点的词汇和句型。 3. 第三步:在基本的阅读基础上,进入深层阅读,通过提问、讨论的方式引导小朋友思考问题,提高儿童的审辩思维能力。 植物有哪些部分? 胡萝卜是植物的哪个部分? 西红柿是植物的哪个部分? 你还能说出哪些植物的果子? 鼓励小朋友提问,思考并找出解决方案。 4. 第四步:创造性阅读,基于绘本故事的主题,设计延展项目。 5. 第五步:作品分享,小朋友将延展活动的成果展示出来。通过这个活动,培养儿童的表达能力以及自信心。

续表

绘本名称	《植物》
教学延展	设计两个小游戏： （1）老师带领小朋友参观菜园，认识我们常吃的蔬菜，并让小朋友说一说各种颜色的蔬菜。 （2）创意制作：水果蔬菜沙拉。小朋友亲手准备原料、制作沙拉；让小朋友讲一讲，所在小组制作的沙拉里有哪些蔬菜和水果？讲一讲这些蔬菜和水果为什么是健康的、美味的，而且是有创意的。

从"一本书"到整合型绘本课 3-6

©5C 教育研究院版权所有，扫描书后二维码，获取免费电子版绘本

绘本名称	《我是消防员》
适用组别	5 岁组
教学目标	将绘本主题拓展为与社会教育有关的教学活动
内容介绍	该绘本内容带领小朋友认识消防队员的服装（帽子、衣服、手套、靴子和面具）、消防车、警铃、灭火器、喷水管等，了解勇敢的消防队队员。
教学过程	1. 第一步：故事导读，讨论儿童熟悉的阿姨们、叔叔们的职业；观察图画，预测故事。 2. 第二步：进入故事阅读阶段，学习阅读的方法，理解每句话的意思，学习重点的词汇和句型。 3. 第三步：在基本的阅读基础上，进入深层阅读，通过提问、讨论的方式引导小朋友思考问题，提高儿童的审辩思维能力。 消防员救火时需要穿戴什么？ 他们的衣服和我们平时穿的衣服有什么不一样？ 如果家里着火了，你该怎么办？ 鼓励小朋友提问题，思考并找出解决方案。 4. 第四步：创造性阅读，基于绘本故事的主题，设计延展项目。 5. 第五步：作品分享，小朋友将延展活动的成果展示出来。通过这个活动，培养儿童的表达能力以及自信心。

续表

绘本名称	《我是消防员》
教学延展	设计三个活动： （1）认识防火标识：让小朋友在幼儿园里找一找。 （2）讲解：如果幼儿园着火了，我们应该怎么办？有条件的可以组织模拟演练。 （3）观看视频《我想对你说：消防员哥哥》，引导孩子们对消防员表达真心话与祝福。

从"一本书"到整合型绘本课 3-7

©5C 教育研究院版权所有,扫描书后二维码,获取免费电子版绘本

绘本名称	《面条大哥和米粉小姐》
适用组别	5 岁组
教学目标	将绘本主题拓展为与优秀传统文化有关的教学活动
内容介绍	该绘本通过面条大哥和米粉小姐的对话,介绍了面条和米粉的特点以及不同的口味。让小朋友了解中国的饮食文化。
教学过程	1. **第一步**:故事导读,讨论食物与我们生活的关系,不同的地方有不同的饮食特点,如南北方饮食差异;观察图画,预测故事。 2. **第二步**:阅读理解,进入故事阅读阶段,学习阅读的方法,理解每句话的意思,学习重点的词汇和句型。 3. **第三步**:在基本的阅读基础上,进入深层阅读,通过提问、讨论的方式引导小朋友思考问题,提高儿童的审辩思维能力。 讨论食物的不同味道与地方的关系; 让小朋友辩论一下南北方菜的差异; 介绍中国餐桌礼仪。 4. **第四步**:创造性阅读,基于绘本故事的主题,设计延展项目。 5. **第五步**:作品分享,小朋友将延展活动的成果展示出来。通过这个活动,培养儿童的表达能力以及自信心。

续表

绘本名称	《面条大哥和米粉小姐》
教学延展	该主题与中国饮食文化有关，我们需要将中国饮食文化的内容引入教学中。 （1）让小朋友了解和欣赏中国饮食文化，请小朋友品尝南方食物和北方食物，并描述各自的特点，让小朋友们给出自己的评价。 （2）让小朋友走进社区，品尝当地小吃，学习制作广告词，推荐该"小吃"。 （3）还可以从健康角度出发，让小朋友给父母设计一份健康晚餐，通过绘画的方式展示健康晚餐。

― 接下来，你将看到 ―

　　本讲将阐述阅读与书写的关系。幼儿书写能力也是幼儿语言表达能力的重要组成部分，对幼儿核心素养的发展起着重要的作用。本讲向老师和家长介绍了幼儿书写能力的发展阶段以及每个阶段相应的教学活动指导。

第 4 讲

书写课——
幼儿书写能力的准备

幼儿书写能力的教学多年以来一直是一个有争议的话题，有的人说书写是上学以后的事，幼儿园阶段是不需要学习书写的。《幼儿园教育指导纲要（试行）》中明确提出："培养幼儿对生活中常见的简单标记和文字符号的兴趣；利用图书和绘画，引发幼儿对阅读和书写的兴趣，培养前阅读和前书写技能。"然而这个前书写技能如何培养，我们在现有的资料中却很难找到。从事幼教的老师们也非常缺乏这方面的指导。幼儿书写能力对幼儿核心素养的发展起着举足轻重的作用，核心素养中的沟通能力与幼儿的书写能力直接相关，而其他核心能力也都与书写能力有着间接的关系。幼儿书写能力的培养不是一个独立的活动或技能，它是与阅读活动息息相关的。在我们培养幼儿阅读能力的同时，也要考虑对幼儿书写能力的培养。

在精读绘本教学中，需要按照科学的教学方法开展绘本教学。针对每一个故事，还要细化教学目标（如下）。

- 培养幼儿的阅读兴趣；
- 提高幼儿审辩思维的能力；
- 培养和提高幼儿的想象力和创造力；
- 培养和发展幼儿的口头和书面语言的表达能力；
- 培养幼儿的合作与沟通能力；

❑ 提高幼儿的社会意识；
❑ 培养和提高幼儿的艺术审美和艺术表现能力；
❑ 学习有关的科学概念和培养科学的思维方法；
❑ 学习和了解健康的观念以及健康的生活习惯。

教学目标中有一项是"培养和发展幼儿的口头和书面语言的表达能力"，这里提到了书面语言的表达能力。学习阅读本身就是一项非常复杂的技能，这对孩子来说是一个非常具有挑战性的任务，在这个过程中，幼儿不仅要学习和认识很多字词、句型和语法等，同时还要学习分析、推理、整合、反思和创新等技能。儿童书写能力是与阅读能力平行发展的。当孩子开始阅读时，就开始意识到书和文字的关系，随着阅读能力的提高，孩子们也会注意到文字的结构和意义，同时开始用笔学习文字书写以及内容的创作。

一、幼儿书写与阅读有关系吗

幼儿书写最开始可能看起来像毫无意义的涂鸦，但这些早期的"乱写"也能展示孩子们想要表达的意义，它们是有意义写作的基础。例如，当3岁的咪咪想念爸爸时，妈妈建议她给爸爸写一封信。此时，咪咪会拿起一支蜡笔，在纸上"乱画"起来。妈妈让她读这封信时，咪咪指着这张纸说："我想你，爸爸。"咪咪已经知道纸和文字的意义，即使她还不能正确地书写文字。

研究发现，孩子平时听的故事多了，他们也会学习用类似的语言讲自己的故事。当孩子们重复阅读某一个绘本时，他们就会注意到其中一些经常出现的词汇，发现这些字词的结构特点，并会在表达时使用它们。如果孩子们有丰富的早期阅读经验，他们更有机会成为好的写作者。同时，写作练习也可以帮助孩子们提高阅读技巧。孩子能够写出什么，与孩子的阅读经验及生活经验都密切相关。阅读与写作是一个互动的过程，阅读是写作的基础，写作是阅读的产物。

阅读与写作技能是一个连续发展的过程，幼儿开始接触图书时，边看图画边讲故事，此时幼儿开始意识到图画与语言的关系，他们可以通过涂鸦来表达自己的想法；在绘本学习过程中，幼儿会慢慢地识别汉字，了解汉字的结构和意义，这就是最早对文字结构的意识——形—意关系意识。

最早的中文文字是象形文字，这些象形文字因其"形象"的特点，容易被幼儿所理解，如甲骨文的"火"与"水"，从图形转换到象形字，再到现在的汉字，这一历程孩子可以很直观地感受到（见图4-1）。孩子学习了汉字的象形特点，有助于他们学习汉字的书写。

图 4-1　从象形文字到现在的汉字

大部分汉字是合体字，它们的书写非常复杂，笔画非常多，如果记住每个字的笔画后再书写那就太难了。如果我们将字的意思讲解给小朋友，他们就会非常容易地记住这些字的结构，也有益于他们的书写。例如"木""林"和"森"，再例如"吃""喝""啃""咬"，这些合体字中，都有"口"，它们都与"嘴"有关，当我们遇到这样的字时，有意识地讲给小朋友，总结我们见过的有相同"构件"的字，这样就会提高小朋友对汉字结构的理解。这些对文字结构和意义关系的理解都是中文的形—意关系意识。心理学研究已经表明，文字形—意关系意识的建立有助于提高儿童的书写以及阅读水平（Lin et al., 2012；Li, Shu, McBride-Chang, Liu, & Peng, 2012）。

学龄前阶段是儿童发展阅读和写作能力的重要时期,儿童早期的读写经验以及成人为儿童提供的读写活动的支持都是未来儿童获得成功的基础。早期有绘本阅读经验的孩子,就会熟悉一些汉字,了解汉字结构,对汉字形—意规则有一定的了解,这会帮助孩子提高书写能力。很多小朋友就有机会写出自己的名字,或者一些常用的字词,也能够用更完整的语言来表达自己的想法。这些都会使孩子在词汇和语法方面获得优势,比那些没有这些早期阅读经验的孩子更有能力取得成功(Scarborough & Dobrich, 1994a; Scarborough & Dobrich, 1994b)。

二、如何培养幼儿的书写能力

书写能力的培养需要一个循序渐进的过程,如果没有早期书写能力的培养,等孩子上小学时才开始动笔,对孩子的挑战就太大了。很多孩子最头疼的作业就是写作文,孩子们一般会有不愿写、难下笔、思路窄、语匮乏等写作困难。事实上,写作是我们参与社会交往活动的重要组成部分,是有效交流、学习和自我表达的工具。

(一)哪些因素会影响幼儿的书写能力

1. 观察能力 当幼儿观察某个事物时,充分鼓励幼儿使用五官观察事物的细节(用眼睛看一看,用耳朵听一听,用鼻子闻一闻,用舌头尝一尝,用手摸一摸),要特别观察事物的色彩、形状、线条、结构、节奏、纹理等特点。这些观察细节在写作和表达中非常重要。

2. 思考能力 也是我们常提到的审辩思维能力。当幼儿观察某个事物或者聆听某个故事时,鼓励幼儿想一想,分析、推理发生了什么、如何发生的、为什么会发生;梳理清楚事件发生的顺序、因果关系、人物关系等;提出自己的问题和想法,找出例证来说明原因。

3. 想象力 幼儿的想象力与创造力直接相关。在幼儿阶段要给孩子们提供条件,充分发挥他们的想象力。例如,当孩子看到红色,他能够想到什么,哪些东西与红色有关，红色和哪些感觉有关，等等，幼儿绘画美术以及手工活动都是培养幼儿想象力的有益活动。

4. 生活经验　生活经验的积累是写作与表达的重要源泉。在幼儿阶段，老师及家长都要尽量多安排社会实践活动，让孩子多参与社区活动，如参观动物园、博物馆、植物园等，参加学校或社区活动、旅行、课外活动、戏剧表演等都会给孩子留下深刻的印象，也会为以后的表达、写作提供素材。

5. 交流能力　只有通过交流才能将自己的情感表达出来，才能与他人分享。孩子的情感体验，如高兴、难过、快乐、喜悦、满意、无聊、生气、同情、悲伤、冷漠等都是表达和写作的重要内容。从小就要培养幼儿如何交流，如何表达自己的情感体验。

（二）写作能力培养六阶段

心理学相关研究证明，幼儿书写能力的培养通常需要经过以下六个阶段（见图4-2）：图书意识、文字意识、汉字结构意识、汉字语素意识、前写作阶段以及幼儿早期写作阶段。每个阶段的幼儿都需要教师及家长提供相应的支持和引导。

图4-2　幼儿书写能力形成的六个阶段

阶段一：形成图书意识

幼儿从2岁开始接触图书，老师或家长通过阅读图书，讲故事给小朋友听。此时，小朋友开始了解图书，他们知道图书里有有趣的故事。

在这一阶段，老师和家长要有意识地让孩子看看书的封面、封底、内容介绍，还要介绍故事和图画的作者，帮助小朋友了解图书的构成元素。

阶段二：形成文字意识

一般到 3 岁时，幼儿就开始了绘本阅读。小朋友开始意识到图书中的文字与图画有关系，这个过程就是文字意识的形成。

在这个阶段，老师/家长和小朋友一起阅读绘本时，要特别注意使用"指读"的方式，也就是一定要"指"着正在"读"的文字。这样的重复过程让小朋友注意到文字、读音、字形的关系。小朋友可以玩一些走迷宫或者划线类的游戏，训练小朋友对精细动作的控制能力（见图 4-3）。

图 4-3 请小朋友用笔将点连起来，看看画出了什么？

阶段三：形成汉字结构意识

随着幼儿绘本阅读量的增加，幼儿书面语言的词汇量也有了明显的提高，他们开始能够认出一些常用词汇，对句子的结构也有了一定的认识，这个阶段就是汉字结构意识形成阶段。

例如，让小朋友了解象形字的结构特点（见图 4-4）。

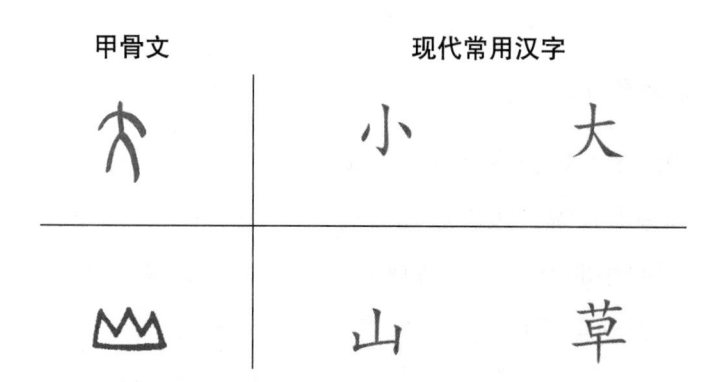

甲骨文	现代常用汉字	
大	小	大
山	山	草

图 4-4 让小朋友们说一说，左边的甲骨文最像右边的哪个字呢？
（左边是甲骨文，右边是现在使用的汉字）

阶段四：汉字语素意识

随着幼儿词汇量的增加，他们认识的字词也越来越多，对汉字的形—意规则有了初步的意识。同时，他们也能意识到不同的句式结构，这个阶段就是汉字语素意识阶段。

这个阶段可以借助各种文字游戏的方式学习。

（1）**归类游戏**。归类总结具有相同部首的高频汉字，让小朋友意识到汉字偏旁部首的作用，并学会归纳分类，这样有益于小朋友掌握更多同类的词汇。请小朋友看看下面的字，它们的哪个部分是相同的？说说为什么？

清　河　江　湖　/　喝　吃　/　说　谈　论

（2）**同音字游戏**。让小朋友意识到同音字，包括同音同义字、同音异义字。

请小朋友说出一个相同意义的同音字，如"小河"的"河"，小朋友要说出与"小河"的"河"意义相同的同音字，如"河流"的"河"；请小朋友尽量说出2~4个意义不同的同音字，如"禾苗"的"禾"以及"我和你"的"和"。

（3）**造词游戏**。这个游戏能帮助小朋友了解双字词的语义关系。

老师说："能产奶的牛叫奶牛，那么能产奶的羊叫什么呢？""能用来看书的桌子叫书桌，那么能用来玩玩具的桌子叫什么？"

阶段五：前写作阶段

幼儿从接触绘本开始，就可以配合阅读从事一些前写作活动。例如，幼儿的口语表达，即边看边说，边画边说。例如，小朋友在公园里看到小鸟时，老师或家长可以问问小朋友：这种鸟叫什么名字？它的特点是什么？它和其他鸟有什么区别？在哪里可以找到鸟？鸟喜欢什么地方？叽叽喳喳的叫声就是鸟的语言吗？它们如何表达喜怒哀乐？如果需要向游客介绍这些鸟，你会如何讲解呢？让小朋友学会边看边说，用语言将自己所见、所想表达出来。学会观察，学会表达，为下一步的写作做好准备。

阶段六：幼儿早期写作阶段

当儿童有了一定的口语表达能力，他们就可以从事一些简单的写作活动，这些简单的写作活动，会为小朋友今后的写作打下良好的基础。例如，给妈妈写贺卡。通过"红绿灯"游戏（见图4-5），教小朋友如何写贺卡，包括文字的结构和语言的表达形式。

一张贺卡，至少包括三个部分，用红绿灯的形式帮助低龄孩子开始写作：

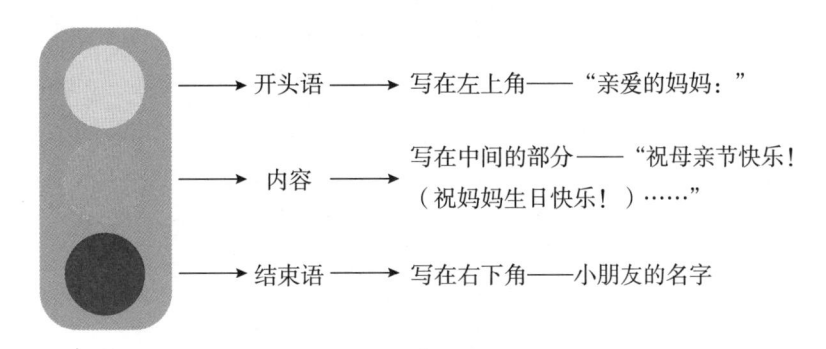

开头语 → 写在左上角——"亲爱的妈妈："

内容 → 写在中间的部分——"祝母亲节快乐！（祝妈妈生日快乐！）……"

结束语 → 写在右下角——小朋友的名字

图4-5　"红绿灯"写作游戏

培养幼儿书写和前写作能力是一个循序渐进的过程，要根据孩子的心理发展特点及孩子的阅读水平一步步地引导。同时，幼儿写作又是需要训练的。只有通过精心设计的书写活动，孩子才能有效地获得书写技能。机械的重复抄写，或者生硬的枯燥写作，会让孩子们厌烦书写和写作，甚至厌烦学习。前书写的活动都是非常必要的。幼儿阶段先对图书形成意识，慢慢了解文字，开始意识到汉字结构与意义的关系，这些都有益于书写技能的提高；真正进入写作阶段，同样还是需要老师的引领，通过有趣的写作活动，引发儿童写作的兴趣，了解写作和语言表达的知识、技能。

幼儿书写能力与口语能力、阅读能力一样，都是幼儿期间需要掌握的重要能力。在以语言能力发展为中心的人文教育中，融合其他知识的教学达到培养幼儿核心素养的目的。在本书的第二部分，我们会进一步了解核心素养培育的第二种有效途径——幼儿科艺教育。

[核心素养课工具箱]

4-1 连线游戏

请小朋友参考第一个图的蓝色部分,将其他图的右半部分补画出来。

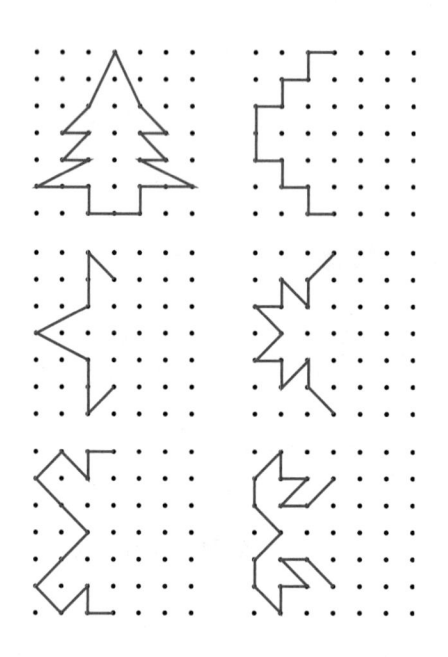

4-2 汉字故事讲解

给小朋友介绍一些汉字的故事,让小朋友了解汉字传递意义的特点。

火:huǒ / 火苗的火

炎:yán / 炎热的炎

焱:yàn / 火焰(火—炎—焱,火越来越厉害)

伙:huǒ / 人围着火一起谈事情,他们就被认为是一伙的,伙伴或朋友

4-3 汉字再认游戏

请小朋友在下图中快速找出藏在图画里的"水""发""生"(各有2个)。

4-4 符号的解释

给小朋友一些简单图形,让小朋友联想这些图形和哪些物体有关。

4-5 五感游戏

描述一只动物或一个物体。

请小朋友看一看,闻一闻,尝一尝,然后写下感觉。

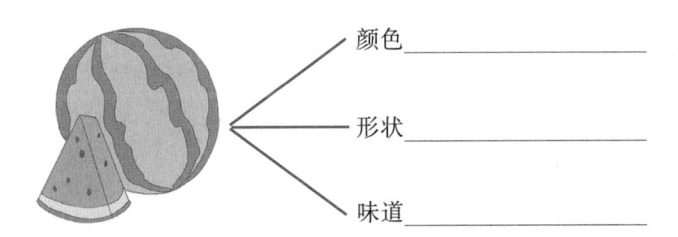

颜色_____

形状_____

味道_____

4-6 故事改编与创编游戏

读了一本有趣的绘本后,老师带领小朋友一起讨论。一起编写故事的主题结构，将故事里的每句话写出来，我们称为"分享写作"。有了分享写作的经验后，小朋友渐渐就可以独立地改编或创编故事了。

如学习了《丢东西小王子》的故事后，用"红绿灯"的方法，想想开头、内容、结束部分写哪些内容。

我们还可以用小动物做主角。由小朋友决定用哪个小动物，然后讨论这个小动物的特点是什么？它发生了什么事情？结果怎么样了？老师帮助小朋友修饰语言表达，将每一句话写下来。这样孩子们就学会如何去编写故事了。

PART TWO

幼儿园里的核心素养课
科艺教育课

第 5 讲　幼儿核心素养课二：科艺教育课 / 93

第 6 讲　创意课——3~6 岁幼儿的创意科学游戏 / 111

第 7 讲　艺术课——3~6 岁幼儿艺术教育与核心素养 / 122

第 8 讲　婴幼儿创意课——0~3 岁孩子的游戏 / 146

第 9 讲　婴幼儿艺术课——以 0~3 岁孩子的音乐教育为例 / 163

接下来，你将看到

　　我们在第一部分介绍了人文教育，在这一部分我们将主要介绍科艺教育。科艺教育指的是科学艺术整合课程（STEAM），以科学艺术能力发展为核心，以科学艺术学习为平台，结合其他学科的教学目标培养幼儿的核心素养。无论是人文课还是科艺课，教学方法都是采用主题式或者项目式教学，将各学科的内容整合在一起。本讲将概述科艺教育的教学原则和教学方法，并为教师介绍科艺课程的教学案例。

第 5 讲

幼儿核心素养课二：科艺教育课

林溪[1]　樊必健[2]　李文玲

在了解幼儿科艺教育前，我们先来看一个"数字四宫格"游戏（见图5-1）。这是专门为5岁幼儿设计的游戏，通过数字的排序，让幼儿熟悉数字、颜色、位置和数字顺序。不要小瞧这种看似简单的小游戏，通过排序，可以让孩子学习颜色识别、数字识别，培养其记忆能力和分析、推理能力。一个最简单的科艺教育工具，诞生了！

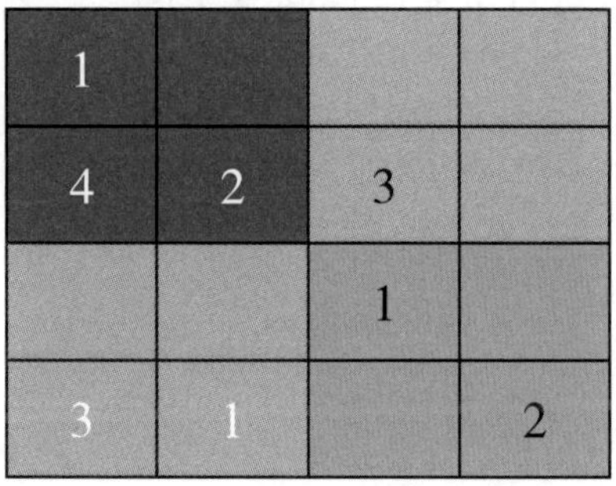

游戏说明：
在空白处填入数字1~4，使每行、每列、不同颜色的宫格里的数字都是1、2、3、4，且不重复。

图 5-1　数字四宫格

---

[1] 美国奥本大学教育学院教育学博士，现任美国东卡罗莱纳大学助理教授。
[2] 美国德州农工大学机械工程博士，目前在美国加利福尼亚州立大学从事"科学与艺术"的创作与教学。

一、幼儿科艺教育

科艺教育（STEAM）的前身是 STEM 教育，包括科学（Science）、技术（Technology）、工程（Engineering）、数学（Mathematics）的学习。为了更全面地培养幼儿的核心素养，学术界提出了"科艺教育"的倡议，即在 STEM 的基础上引入了艺术（Arts）教育。科艺教育的理念强调科学、技术、工程、数学与艺术之间的密切相关，这五个主题同时在分析与改造世界的过程中各自发挥着重要的作用——科学帮助人类了解和认识世界的规律，工程与技术根据社会的需求来改造世界，艺术是人类描绘、丰富世界的手段，数学则训练了个体对事物发生发展的分析能力，进而促进了科学、工程、艺术与技术的发展。

二、科艺教育的教学原则

（一）创造性思维与审辩思维

创造性思维（creative thinking）是以感知、记忆、思考、联想、理解等能力为基础，以综合性、探索性和求知性为特征的高级心理活动（李文玲，舒华，2016）。创造性思维可以激发儿童的求知欲望，有助于儿童的智力以及各项能力的发展。有创造性思维的人能够从不同的角度审视同一个问题，还能同时进行发散性思考，包括且不仅限于：

（1）打破传统思维；

（2）建立新的联系；

（3）扩大知识范围；

（4）产生奇妙的想法。

鼓励儿童的创造性思维能够激发他们对知识深入探究的动力，对所学知识衍生新的创意。

审辩思维（critical thinking）是一个主动且经过慎重考虑后运用知识、证据评估和判断假设的过程。这个过程包括对自己及他人的思维分析和评估

（李文玲，舒华，2016）。具有审辩思维的人能够对一件事、一个问题、一种情况进行独立思考并提出质疑，包括且不仅限于：

（1）凭证据说话；

（2）符合逻辑地论证自己的观点；

（3）保持质疑精神，勇于提出问题；

（4）对自己进行反省，懂得包容与此相关的不同意见。

具有审辩思维的人会思考"我应该怎样思考、怎样说、怎样做"等问题。他们还能结合所学的知识、经验、情感和理性做出独立判断。审辩思维是一个质疑、慎思、明辨与决断的过程。创造性思维与审辩思维既有交集又有不同，因此在教育的过程中，教师应该把二者进行融合培养。

幼儿园教育阶段是培养幼儿创造性思维与审辩思维的关键阶段。当面对一个学习任务时，教师应首先帮助幼儿建立自信心，当幼儿说出自己的想法或问题时，通过鼓励和表扬的方式让幼儿敢于质疑，敢于想象；引导幼儿对提出的解决方案进行质疑，鼓励他们勇于纠错与反驳，勇敢地表达自己的观点和想法，最终培养幼儿的创新与审辩思维能力。在幼儿思维教育中，教师还应该培养幼儿的思维独立性。鼓励幼儿不盲从，敢于创新，勇敢坚持己见。

（二）跨学科的整合教学

在科艺教育中，教师需要对不同的领域，特别是工程与技术领域的知识进行一定的学习与掌握。这样才能了解可以通过哪些渠道获得相关的知识，进一步带领儿童开展学习。同时，教师还应该以参与者的身份与儿童一起从事科艺游戏活动，保持积极与开放的心态与儿童共同学习和面对未知的挑战。比如，在"灯泡的用处"活动中，教师可以通过以下几种提问方式帮助儿童从不同角度思考问题：

（1）正常的灯泡有什么用处？

（2）正常的灯泡是通过什么材料发光的？

（3）灯泡如果坏掉了，不亮了，是什么原因导致的？

（4）坏掉的灯泡是可回收垃圾还是不可回收垃圾？

（5）我们可以对坏掉的灯泡进行怎样的再利用？

以上这些问题目的是鼓励儿童充分认识灯泡的特点以及灯泡的工作原理。通过再创造培养儿童的创造性思维与审辩思维，在设计的过程中培养艺术感，同时建立儿童的环保与废物再利用的意识。在科艺游戏中学习到的知识的整合也会对儿童未来的发展起到不可忽视的作用。

（三）表达（Presentation）

培养儿童的表达能力不仅可以训练他们的口语能力，还可以培养他们与他人沟通的能力。因此，语言表达在幼儿园科艺游戏活动中是非常重要的一项。儿童在科艺游戏中不仅要对任务进行思考，对解决方案进行质疑、创新与实践，还需要逻辑清晰地分享自己的成品，讲解自己的创作过程。因此在科艺游戏活动中，教师应遵循以下原则：

- 激发幼儿的兴趣，鼓励幼儿积极回答问题，表达自己的看法与想法；
- 组织小组讨论，鼓励幼儿与同伴的意见交换，学会聆听、质疑与分享，同时引导幼儿学会包容不同的意见，从不同意见中采纳有趣的内容；
- 鼓励小组通过交换意见一起完成一个任务，完善自己的作品，在这个过程中学会讨论与合作；
- 完成任务后，幼儿需要对自己的作品和步骤进行讲解。同时回答和解释其他幼儿提出的问题，以培养逻辑能力与语言完整表达的能力。

（四）合作（Collaboration）

无论是学习还是工作，合作都是个人能力中非常重要的一项，也是取得成功的关键因素。因此培养儿童学会与他人合作对其未来发展尤其重要。在平时的科艺教学活动中，教师应该为儿童积极创造良好的合作环境，如合作绘画、合作搭建、合作编故事、合作思考问题等，使他们在活动中产生与其他幼儿合作的愿望和需求，并付诸实践，体验合作的乐趣。

在科艺游戏活动中，教师应该多让幼儿们分组合作完成一项任务，鼓励幼儿们通过商议给自己的小组命名，并且分配每个人的任务。教师还可以让合作表现比较好的一组向大家介绍他们的方法，进行示范，让其他幼儿也学会合作。其次，每次任务完成后，教师应该充分肯定幼儿们的合作与成果，让他们体验到合作的乐趣，激发合作的愿望。在合作过程中如果产生矛盾，教师应该及时引导儿童，也可以通过示范合作引导儿童逐步形成良好的合作态度。教师还应该多观察不同的幼儿在合作中的喜好。例如，在合作设计服装的活动中，有的幼儿喜欢绘画，有的幼儿善于裁纸制作，有的幼儿擅长解说，那么在游戏合作分配中，教师可以将这些幼儿组成一组，让每个人充分发挥自己的长处，相互补充与支持，体验合作的乐趣。

三、科艺游戏与教学方法

游戏是一种符合幼儿身心发展要求的活动，同时能巩固和丰富幼儿的知识，促进智力、语言等多种能力的发展。教育游戏则是专门针对教育目的而开发的游戏，这类游戏本身具备了教育性与娱乐性，通过游戏的方式实现教育目的。幼儿的心智尚未成熟，他们非常喜欢游戏这种活动。因此如果我们将教育游戏得当运用在幼儿教学中，能够极大地激发幼儿对学习的兴趣，并取得很好的教学效果。

和人文教育一样，幼儿的科艺教育同样离不开游戏。通过游戏幼儿可以了解自己与周围世界，在游戏的过程中，幼儿习得了语言理解和表达能力、审辩思维能力和创新能力、与他人合作和交流的能力，通过大量的社会实践、动手操作可以拉近幼儿与社会的距离，提高幼儿的社会意识。

（一）科艺游戏

科艺游戏本身就是以培养跨学科思维能力的创新型人才为目标的活动。其重点强调儿童各学科知识和生活经验的整合。注重在游戏过程中获取各种知识，同时将知识与日常生活相结合，丰富儿童的知识经验，提高儿童解决问题的能力。

科艺游戏注重实践、动手、问题解决以及项目式学习，强调幼儿手脑结合，激励幼儿发展创造性思维、审辩思维、探究能力及问题解决能力。由于科学、技术、工程、艺术与数学之间紧密联系，相互支撑、补充，科艺游戏同时还重点培养幼儿各个方面的技能与认知能力，如技术与工程的结合、艺术与数学的结合，让幼儿在游戏的过程中完成跨学科学习。

科艺教育通过游戏的形式能引导幼儿更积极、主动地探索事物的科技奥秘，在玩游戏的过程中让幼儿爱上创造，在创造中学习，在创造中研究，满足自己的求知欲望。与此同时，科艺游戏还鼓励幼儿在自主思考和探索的过程中，积极与同伴进行交流、交换意见、头脑风暴，培养幼儿的团队意识与合作精神。

在科艺教学活动中，要强调以下三个教学原则：

1. 鼓励观察与提问。 在游戏过程中，教师应该积极鼓励幼儿多观察不同的事物、事物间的关系及事物的变化。当幼儿对一样事物产生兴趣时，比如，盯着天花板的风扇时，教师可以问他们："这个东西像什么？这个东西由哪些部分组成？这个东西是什么颜色的？这个东西会不会动？如果可以动，是怎么动起来的？靠什么动起来的？动起来会发生什么？"这些问题可以有效地培养幼儿对事物特别是对细节的观察能力，还能激发幼儿对科学的兴趣和探究。

2. 鼓励分析与推理。 以风扇为例，在观察的基础上教师可以再询问幼儿："这个东西和其他哪些东西比较像？和其他哪些东西功能相似？"还可以让幼儿根据他们说出来的特点给这个物品命名，让他们说一说为什么要这样命名。最后再告诉幼儿这个物品的名称以及为什么叫这个名字。让幼儿想一想这个物品的名字是否与他们刚刚说的特点相关。还可以询问幼儿："这个物品的名字好不好？好在哪里？不好在哪里？"这些问题可以激励幼儿寻找不同事物之间的相关性与不同点，同时培养幼儿的审辩思维能力。

3. 鼓励应用与创新。 除了观察与思考外，在科艺游戏过程中，教师还应该鼓励幼儿对物品进行创新改造或再利用。例如，"矿泉水瓶"活动，教师可以带领幼儿思考矿泉水瓶的用处，鼓励幼儿对使用过的矿泉水瓶进行创新与改造，实现废物利用，比如将旧矿泉水瓶改造成浇花的水壶。这种创新与再创造的行为能够激励幼儿的创新能力，鼓励他们对已掌握的科学、技术、工程与数学知识进行整合与实践，培养幼儿的艺术审美和环保意识。

（二）幼儿科艺教育教学的主要目标

教学目标的制定需要符合幼儿身心发展的特点和认知规律。同时目标应该具体、明确，并且有针对性。教师可以根据幼儿不同的年龄段制定教学目标，也可以根据不同的游戏甚至每堂课的需要来制定教学目标。例如，我们可以设置幼儿园阶段总的教学目标如下：

1. 培养儿童对科学、数学、工程、技术与艺术的兴趣；

2. 培养儿童了解各个科艺主题的基本概念；

3. 培养儿童的想象力、创新意识；

4. 培养儿童的审辩思维能力；

5. 发展儿童的语言表达及艺术表达能力；

6. 培养儿童的团队合作意识。

针对不同的年龄段，每一天、每一个教学活动都应该设计教学目标。譬如本讲开头提及的"数字四宫格"游戏，教师可以制定以下教学目标（见表 5-1）。教学目标越具体，教学活动的设计越清晰，教学效果越好。

表 5-1　"数字四宫格"游戏教学目标

编号	教学目标	教学活动
1	认识数字与排序	观察每个颜色的格子中列出来的数字，想一想空白处应该填入哪个数字
2	培养幼儿的高级思维能力，如逻辑分析和推理	思考：为什么空白处应该填入这个数字
3	培养幼儿的团队合作能力	对于数字的排序进行小组合作讨论
4	培养幼儿的口语表达能力	将自己小组的结论分享给大家

(三) 幼儿科艺游戏的四步教学法

科艺游戏的教学方法是根据以上的教学理论与原则和教学目标而设计的，它分为四个步骤（见图 5-2）：

```
第一步              第二步              第三步              第四步
激发兴趣            合作思考            创意制作            展示分享
• 激发兴趣          • 合作讨论          • 分工合作          • 作品分享
• 问题提出          • 创意设计          • 创意制作          • 反思评价
```

图 5-2　科艺教育四步教学法

步骤一，激发兴趣。兴趣是学习的重要激励因素。在每一项游戏任务开始之前，教师应与幼儿聊一聊与该任务主题有关的话题，唤起幼儿生活中已有的相关经验。提出问题，让小朋友了解我们的任务是什么。

步骤二，合作思考。在明确问题之后，每个幼儿先对自己的任务进行思考，之后再与同伴进行意见交流。在这个环节中，我们可以准备三种问题：看一看，想一想，说一说。这些问题能够培养幼儿的审辩思维能力。这一环节还可以培养幼儿的团队合作与交流能力。

1. 当前的特征是什么？（**看一看**）
2. 优缺点是什么？我们想怎么改？（**想一想**）
3. 我的制作或发明与其他的相比有什么新颖之处？（**说一说**）

步骤三，创意制作。在上一环节结束后，幼儿开始自行进行创意制作。如将设计的产品画出来，或将模型制作出来。这需要小朋友的创新能力、艺术表现力及手工制作能力。

步骤四，展示分享。这个阶段是将创意制作的"成品"展示给大家。可以是绘画、故事、戏剧、手工等作品。同时幼儿需要向大家介绍自己做的是什么，有什么特点或者与众不同的地方，为什么或者怎么做的。这个环节强调培养幼儿的表达能力及自信心。

四、科艺游戏的教学案例——小课程

科艺游戏可以有多种形式。一种是科艺游戏活动小课程，如数字游戏、形状推理、颜色识别、图形辨别等。这种科艺游戏小课程一般课时为一天，2岁年龄段每个游戏时间应为5分钟，3岁年龄段每个游戏时间应为10分钟，4岁、5岁年龄段每个游戏时间应为15分钟；另一种是以项目式学习为主的科艺教学活动，后面会举例说明。现在我们以科艺游戏活动小课程"数字图画"举例说明科艺游戏教学及特点（见表5-2）。

表5-2 科艺游戏小课程案例

课程主题	数字图画
课程目标	结合数学与艺术课程，强调培养幼儿的数字识别与数字组合能力
课程材料	（例图）　　　　**游戏规则**：请小朋友仿照例图，用数字画出一幅数字图画。说一说你用到了哪些数字，画的是什么。
课程设计	**步骤一，激发兴趣**。教师可以首先询问幼儿例子中的图形是什么，激发幼儿的想象力。然后询问幼儿能从这个图形中看出哪些数字？让幼儿说一说这个图形由哪些数字组成。 **步骤二，合作与思考**。在这个过程中建议教师让幼儿进行分组讨论，达到头脑风暴的效果，在儿童理解数字变化与组合的概念学习中，激发合作与交流精神。小组讨论结束后，教师指导幼儿用0~9的数字来组合成任何图案。 **步骤三，创意制作**。在这个创作的过程中，教师应该鼓励儿童与同伴进行意见交流，激发想象力与创造力。 **步骤四，展示分享**。幼儿需要在创作完成后向大家展示自己的作品，说一说自己画的是什么，由哪些数字组成。展示之后，教师应该鼓励其他组的幼儿对作品进行提问与评价，激发幼儿的审辩思维能力。

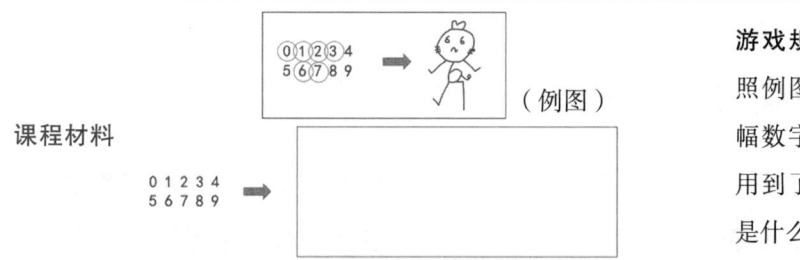

其他科艺游戏小课程还可以包括概念形成、推理与数字运算等内容。例如"动物识别"（见图5-3）培养幼儿对动物栖息环境的认知概念。教师在这个游戏课程中，应该鼓励幼儿观察环境背景的不同，让幼儿说一说图片里有哪些动物。幼儿在观察和表达的过程中，能够学习到动物与栖息环境的关系。

（欲获取更多科艺游戏小课程教学案例，可扫描书后二维码下载使用）

图 5-3　科艺游戏小课程：动物识别

五、科艺游戏的教学案例——项目式学习

幼儿热爱游戏活动，科艺游戏是融合科学、技术、工程、艺术与数学为一体的趣味游戏，恰恰符合了幼儿学习的特点。在老师的教学指导下，幼儿不仅在玩游戏的过程中获得了乐趣，还通过整合的游戏活动培养了幼儿的核心素养。"创造发明"就是最常见的一种游戏形式，它鼓励幼儿利用现有的材料对现实生活中已经存在的事物进行创新与再创造，如"新式飞机"游戏。发明创造主题游戏的目的在于培养幼儿的创新思维能力，在结合不同学科知识的基础上，进行整合与审辩思考，同时在创作的过程中培养幼儿的艺术感受。

科艺游戏项目式学习案例 1

课程主题	发明新式飞机
课程用时	一般分 3 天完成，每天 15 分钟活动时间
课程设计	**步骤一：激发兴趣** 第一天的主要任务包括：激发幼儿的兴趣，引出问题。比如问一问： 　　你平时经常出门旅行吗？ 　　出门旅行的时候你一般会乘坐哪些交通工具？ 　　你见过或者坐过飞机吗？ 　　说一说飞机长什么样子？ 　　你觉得飞机的优点和缺点是什么？ 之后，教师可以向幼儿介绍飞机的一些特点与图片，让幼儿想一想： 　　飞机有哪些方便和不方便的地方？ 　　如何改进？ 在此基础上让幼儿发挥想象力，想一想： 　　未来的飞机会是什么样子的？ 这里培养幼儿对事物的分析与预测的能力。 最后，老师明确今天的任务： 　　如果你是一位设计师，你想设计一个什么样的新式飞机呢？ **步骤二：合作与思考** 为了培养幼儿的团队合作精神，教师可以将幼儿进行分组，一起讨论以下问题。这些问题能够同时培养幼儿审辩思维的能力与交流能力。 （1）我们现在的飞机特点是什么？（从颜色、材料、大小、动力等方面）（**看一看**） （2）新式飞机应该是什么样的？要改进哪里呢？（**想一想**） （3）我制作的飞机和其他人制作的飞机有哪些不一样的地方？（**说一说**） **教学工具：魔术方块** "新式飞机"活动设计是有一些好工具的，例如"魔术方块"。教师带领幼儿通过抛掷魔术方块（可以自己制作，将方块的六个面粘贴上不同的特征，如图 5-4 示例）决定自己所在小组设计的飞机的四个特征，并与组内同伴一起对这四个特征进行评估，记录下小组决策出的四个特征，或者决定是否需要重新抛掷魔术方块。

续表

课程主题	发明新式飞机
课程设计	图 5-4　魔术方块特征示例 **步骤三：创意制作** 第二天的任务主要为创意制作。幼儿应该在教师的带领下，根据第一天小组决定选出的四个特征，每个人把自己的新式飞机画出来。在绘画的过程中还可以与同伴进行意见交流，以完善自己的绘画。创意制作的同时培养了幼儿的跨学科知识。幼儿需要结合科学、工程与技术的相关知识对飞机的创新性进行思考，并引入艺术来绘制自己的飞机，使自己的飞机别具一格（图 5-5）。 图 5-5　新式飞机创作卡示意图 **步骤四：展示分享** 第三天的任务为成果展示。幼儿除了展示自己的创意作品外，还需要用语言把自己飞机的新颖性表达出来。除了给予鼓励和评价外，教师还应该鼓励其他小组的幼儿提出他们的意见和看法，激发幼儿的审辩思维与交流能力。

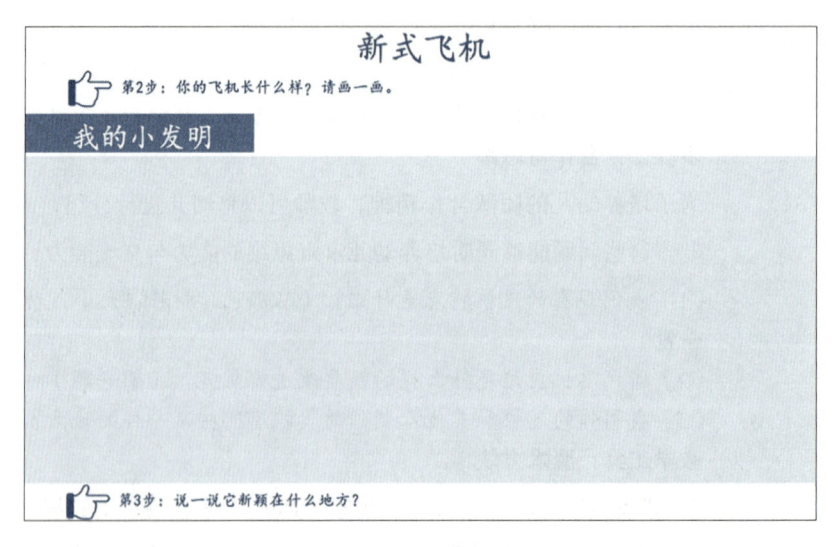

科艺游戏项目式学习案例 2

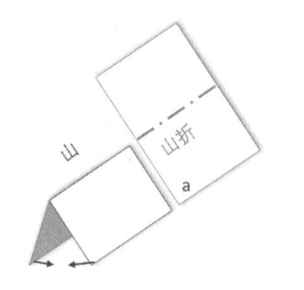

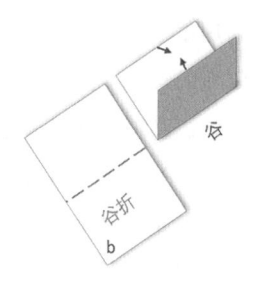

课程主题	折纸游戏《山折和谷折》
课程目标	1. 了解山折和谷折，理解"山"和"谷"的概念； 2. 基于山折和谷折，让小朋友制作出新的设计； 3. 培养儿童的创造力、合作能力以及语言表达能力。
课程用时	建议 2 个或 3 个课时，每个课时 15~20 分钟
课程设计	**步骤一：认识折纸任务——山折和谷折** 折纸的基本折法有两种类型：山折和谷折，见图 5-6。 图 5-6 山折与谷折 两边向下对齐，折出中线，折线称为山折，用"点划线"表示。 两边向上对齐，折出中线，折线称为谷折，用"虚线"表示。 折线符号确定折叠方向，是折纸艺术中记录和交流的语言。折纸艺术千变万化，各种折线都是由山、谷两类折线组成。认识和理解折线符号是学习折纸的基础。 折纸通常采用双面双色纸，便于儿童观看和理解折叠方法和步骤。双色纸有助于儿童建立正反两面的空间意识，丰富艺术表现力。折纸简单易行，适合学前儿童。 教师示范，儿童模仿，按照图 5-6 练习山折和谷折。 翻转纸张，让儿童观察和理解山折和谷折可以互相转变。山折可以通过翻转纸张之后用谷折替代，反之亦然。折纸的基本要求是两边对齐折叠。这种活动培养手脑协调的操作和精细运动技能。折纸将平面转化为立体，建立空间概念。 **步骤二：问题提出** 折纸艺术的创意教育在于激发儿童的内在想象和创造力，培养创新意识和思维习惯。当儿童了解了山折和谷折后，还可以引导儿童改变折纸的

续表

课程主题	折纸游戏《山折和谷折》

| 课程设计 | 用途和表现方式。图 5-6 的折纸效果除了用来表现山和谷之外，还有哪些其他用处？提问启发儿童动脑思考、萌生新意，引导儿童想象和尝试山折和谷折的不同用途。
每个小组讨论并决定小组做什么作品。每个小朋友都可以设计自己的作品。
步骤三：创意制作
选择一：姓名桌签。为开阔创新思路，幼儿在山坡上书写姓名，纸山变成姓名桌签，见图 5-7。这个新主意和新用途是创意的萌芽和创新的起点。它有助于儿童理解创新的含义、体验创造的思维方式。这个活动有助于儿童认识和理解姓名桌签的作用。在制作的过程中，询问儿童名字写在姓名桌签的外面还是里面，认知里外两面有助于儿童建立一纸两面的空间概念。
有了里外两面的概念之后，询问儿童名字是否可以写在里面？名字写在里面，别人看不见，失去了姓名桌签的作用。但是名字写在里面却是一个新主意，于是姓名桌签变成贺卡，又有了新用途，见图 5-8。贺卡是有别于名卡的新用途，开阔了创新思路。
选择二：创作贺卡。贺卡制作需要选择里外和颜色。图 5-8 选择白色写字作画，作为里面。原因是色彩对比度强，适于阅读。选择蓝色一面也不为错，重要的是能说出自己的理由。通过折纸、文字和图画表现与众不同的个性贺卡。
图 5-7 姓名桌签
图 5-8 贺卡
学折山谷本身并无创意，但是制作贺卡和桌签则是创新思维活动。这两个引导性活动旨在使儿童举一反三，开阔儿童的创新思路，点燃创意火种。除了贺卡和桌签之外，纸山和纸谷还有什么其他用途？让儿童自由想象，大胆尝试。小朋友还可以有其他的设计和创意。要鼓励新的、独特的想法。
步骤四：作品分享
无论选择制作什么，创意的产品要与大家分享。每个小朋友可以在自己的小组里讲讲自己制作的是什么，自己是怎么设计的。如果是制作桌签，小朋友要互相介绍自己；如果设计的是贺卡，要说明贺卡是送给谁的，为什么要画这幅画等。这里要帮助小朋友训练自己的审辩思维能力、语言表达能力，培养小朋友的自信心。 |

科艺游戏项目式学习案例 3

课程主题	三棱柱
课程目标	1. 看图折纸，加深儿童对折线"山、谷"符号的理解，培养其动手折叠能力； 2. 通过折线类型和数量的变化，启发折纸中的创新意识； 3. 通过了解用途和创意摆放，发散思维，组合制作出新的设计； 4. 培养儿童的创造力、合作能力以及语言表达能力。
课程用时	建议 3 个课时，每个课时 15~20 分钟
课程设计	**步骤一：认识折纸任务——三棱柱** （1）参见图 5-9，画出三条"虚线"，它们代表三条"谷"折线。 （2）按图示顺序，上下两边对齐，谷折中线； 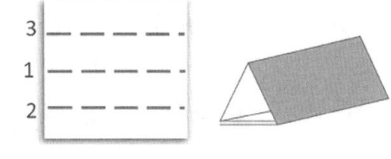 （3）将下边对齐中线，谷折； （4）将上边对齐中线，谷折； （5）三条折线将方纸四等分，重叠上下两份，形成三棱柱。 图 5-9　谷折三棱柱 **步骤二：问题提出** （1）图 5-9 中的三条虚线如果变成"点划线"（山折，见图 5-10）折出的三棱柱是什么样呢？让儿童看图尝试折叠，比较并说出两种折叠效果之间的差别。 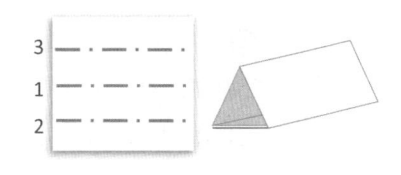 图 5-10　山折三棱柱 （2）折线从谷折改成山折之后，三棱柱里外颜色转换。不同的效果有助于加深儿童对折线类型的理解。两面异色的纸材引导儿童观察一纸两面，有助于认识三棱柱里外两面的空间概念。 （3）图 5-10 的中线如果变成虚线，见图5-11，折叠效果是什么样呢？让儿童通过折线符号理解折线类型，折叠成形。 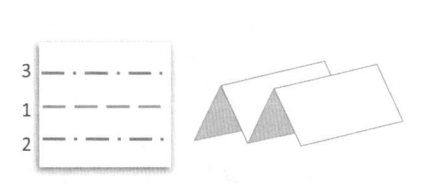 图 5-11　山谷组合 （4）这些示例通过改变折线的类型，折出不同的效果。"不同"和"变化"有助于培养儿童对"创新"的认识和理解。这些问题还培养了儿童阅读和理解折线符号以及动手执行的能力。

续表

课程主题	三棱柱
课程设计	（5）图5-10和图5-11是图5-9的两种变化，图5-9的三条折线还可能有其他变化吗？让儿童独立思考，自由想象。 （6）折线类型和数量的变化是折纸创新的主要方法。除此之外，改变现有折纸的用途和表现方式也是产生创意的发散思维方式。 （7）想一想：三棱柱可以用来做什么？ （8）每个小组讨论并决定用三棱柱做什么。每个儿童可以设计自己的作品。 **步骤三：创意制作** 1. 了解用途：三棱柱的用途多种多样。通过提问引导儿童在折叠三棱柱的过程中产生创新想法，通过动手制作和作品分享来表现各自的想法。提问的目的在于启动儿童的想象力，释放他们无拘无束的创造潜力，举例如下： （1）三棱柱能不能用作桌签（或者帐篷、小桥等其他用途）？ （2）三棱柱桌签与山折桌签有何区别（大小、高低、折线数量、美观等）？ （3）制作自己喜欢的桌签（山折或者三棱柱），为什么喜欢这种桌签？ 鼓励儿童自由想象多种用途，动手制作表现各自的创意，分享创意用途。 2. 创意摆放：当一组儿童折出多个柱体之后，数量的增加可以衍生千变万化的摆法，是创新的沃土。三棱柱可以任意堆放，杂乱无章；也可以横摆竖立，井然有序。图5-12是多个三棱柱的创意摆放，井然有序的排列形成新的形状。这些示例在于启动儿童的发散思维，点燃创新的火花。 三角形　　菱形　　梯形 平行四边形　　梯形　　六边形 图5-12　创意摆放 儿童对周围世界的观察和感受不同于成人，经常会有随意、独特的表现方式。鼓励与众不同的摆法，表扬标新立异的个性，引导儿童在三棱柱的游戏过程中萌生创新意识。 除了了解用途和创意摆放之外，还可以在创意制作过程中提供尺寸不同、色彩各异的纸张，引入尺寸和颜色作为创新的元素。

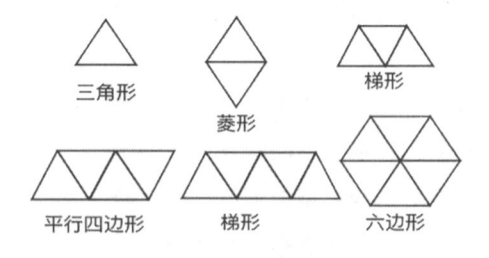

续表

课程主题	三棱柱
课程设计	这个案例通过折线的类型和数量、折纸的用途和摆放、纸张的尺寸和颜色等各种因素作为创新方向，引导和培养儿童的发散思维。从多个角度和途径引导儿童发挥想象力，从一点向四面八方扩展，重新整合已有的知识和方法，创新折纸制作。这对培养儿童的学习和应用，开阔想象方案，提高解决问题和创新能力都有引导作用。 **步骤四：作品分享** 儿童的想象力丰富多彩，三棱柱的用途多种多样。除了动手制作表现之外，各种创意和想法还要通过讲解和演示与大家分享和交流。告诉大家自己制作的三棱柱有什么用处，编个故事讲讲三棱柱是怎么用的。如果是帐篷，让孩子说说是谁在使用？在帐篷里干什么？帐篷放在哪里？是什么时候用的？是怎么想出来这种用处的？ 三棱柱的摆法更是千姿百态。除了创意制作的表现之外，还要安排儿童讲一讲自己的摆设，分享创作经验。提问可以激发儿童的表达欲望，培养表达能力。例如，你用了几个三棱柱？你的三棱柱是山折还是谷折？你喜欢哪种颜色的三棱柱？你怎么想到这种摆法的？它代表什么东西吗？ 作品分享帮助小朋友提高审辩思维能力、语言表达能力以及小朋友的自信心。

> **接下来，你将看到**
>
> 本讲将介绍什么是创造力，什么样的游戏活动有助于儿童创造力的培养；在教学上如何通过创造力游戏活动引导儿童创造力的开发；同时详细地介绍创造力教学活动的原则及教学方法，并给教师和家长提出建议——如何培养和保护儿童的创造力。

第 6 讲

创意课——
3~6 岁幼儿的创意科学游戏

让小朋友做这样一个游戏：问问小朋友这些旧瓶盖有什么用途？

教师可以让孩子们比一比谁想到的点子最多，谁的想法最新奇。这样的游戏活动不仅有趣，还会让孩子在遇到问题时发散思维，找到最好的解决方案。有人会问，创造力可以培养吗？我们的回答是"可以"，但在幼儿园教学中，应该遵循一些教学原则来激发孩子的想象力和发散思维，我们会在这一讲里给大家介绍什么是创造力游戏，创意游戏课的教学原则、教学方法及教学指导。

一、什么是创造力游戏

创造力（Creativity）指以记忆、联想、理解等能力为基础，以综合性、探索性和求新性为特征的高级心理活动。创造力是从新的角度来看待问题或情况的一种方法，这种方法与传统的思维方法不同。创造性思维既可以通过头脑风暴等非结构化过程，也可以通过横向思维等结构化的过程来激发；它可以通过个体或团队与环境之间的相互作用产生一种新颖的想法或产品。在激烈竞争中，拥有创造力意味着获得竞争优势，创造力的培养对教育工作者来说也是一个极具挑战的题目。

孩子们天生喜欢涂涂抹抹，用图画来表达自己的心意；用橡皮泥捏出千奇百怪的造型，在捏泥过程中体会创造乐趣；用积木搭建自己的乐园，在合作构建过程中体会友情。近年来提倡的创客教育为创造力教育提供了更有效的模式。

"创客"一词来源于英文单词"Maker"，本义是指出于兴趣与爱好，努力把各种创意转变为现实的人。创客教育是创客文化与教育的结合，基于学生兴趣，以项目学习的方式，利用新的数字技术来设计、制作和分享，培养学生创新能力、审辩思维及解决问题、交流、团队协作的能力。

创造的冲动是人类最基本的动力之一。早在石器时代，人类就利用环境中的现有材料制作工具，解决生存遇到的问题。从那以后的数百万年里，人类从未停止创造。事实上，文明的兴起在很大程度上是由各种技术的进步推动的。今天，经济的高速发展、科学技术的飞跃创新、数字媒体的涌现进一步推动了人类的发展，3D打印机、机器人技术、微处理器、可穿戴计算机、电子纺织品、"智能"材料和新的编程语言等都为人类带来了巨大的便利，同时这些发明又激发人们不断地创新。这些变化不仅影响着成年人，同时能够帮助我们的下一代更容易使用这些工具，从知识的被动接受者转为真实世界的创造者，这将从根本上改变我们的教育，教育的革新也将从此开始。

面对信息技术、人工智能的高速发展，整个世界都处于一个转型阶段，从学习型社会逐步过渡到创新型社会。人们的生活和工作将面临前所未有的挑战，现在在幼儿园学习和生活的小朋友未来面临的工作可能是闻所未闻的新职业，如何让他们更好地适应变化呢？未来的社会需要创新型的思考者、实践者和学习者。

如今，我们可以方便地在互联网中找到我们需要的任何信息，而如何利用这些信息创造性地解决复杂问题则是我们面临的挑战。

二、创意游戏课四步教学法

我们可以让学生变得更富有创造力吗？是的。创造性思维用一种新的方式、新的视角去审视已存在的状态，寻求多种可能性或其他类选项，将已有的知识重新组合得出新的结果。通过直觉获得灵感，或者通过比较、分类、类比、推理等方式重新构建或再创造，新的产品需要有很强的想象力和新颖性。它与审辩思维又有许多共通性，如搜索信息、分析整合、推理评价等。

创造力是可以培养的。这需要有一套精心设计的方案引导小朋友动手、动脑，释放他们的创造力。幼儿园的学习方式既要符合幼儿生理心理发展的特点，又要注重培养幼儿成为一个主动的学习者、探索者和思考者。简言之，就是让小朋友在玩中学、学中玩。创造力游戏（即创意游戏）的教学原则基于儿童心理学的研究，总结归纳为四个关键词：

1. 项目（Project）；
2. 合作（Collaboration）；
3. 游戏（Game）；
4. 表达（Presentation）。

基于以上教学原则，教师的教学手段也与创造力培养息息相关。比如，鼓励创造性思维的指导性教学，为儿童提供选择和探索性学习的条件，激发儿童的内在动机，让儿童有机会运用想象力。这些教学实践不仅能促进创造力，还能促进儿童的学习与成长。我们可以设计创意游戏，适用于幼儿园到小学阶段的儿童，基于游戏的形式，在游戏活动过程中培养儿童的创造力。这些创意游戏涉及我们生活的各个方面，如鼓励小朋友设计新型的生活用品、交通工具、服装、建筑、广告以及编写故事、剧本，等等（本讲最后的教学工具箱里，例举了多种创意游戏，培养儿童的创造性思维）。

幼儿园老师或家长可以将创造力培养列入孩子的每日活动中。在每日的创意游戏活动中鼓励儿童使用发散思维，对一个开放性问题提出多种解决方案。在这一过程中，要从以下几个方面鼓励小朋友：

1. 尽量从多角度想问题；

2. 把有关问题的要点一一列举出来；

3. 找出每一个要点可能产生的变化；

4. 将这些可能产生的变化相互结合，形成新观念。

和前文提及的项目式教学方法类似，创意游戏课教学也遵循四步法（见图6-1）。

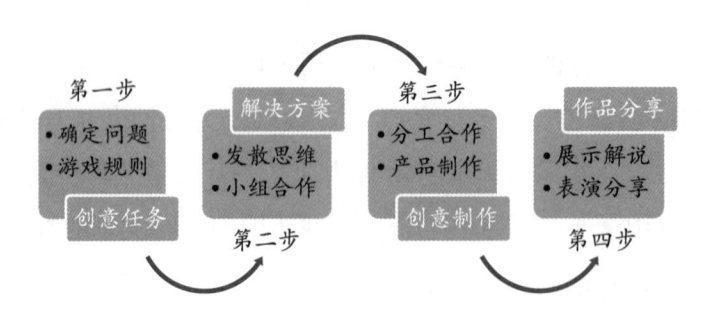

图6-1 创意游戏课教学四步法

第一步：设定创意任务。让小朋友了解游戏活动是什么、游戏的规则以及主要任务和目标。

第二步：提出解决方案。小朋友通过小组合作思考可能的方案，讨论方案的合理性、可操作性、新颖性等。

第三步：创意制作。解决方案确定后，开始分工合作，制作产品。

第四步：作品分享。产品制作完成后，就是展示分享的环节，小朋友要说明并讲解自己的作品。

三、发现和保护孩子的创造力

人们经常说"无规矩不成方圆",传统教师爱给孩子设定各种各样的"规矩",问题都有一个标准答案,给孩子的思维设置了各种框框,限制了孩子的想象力和创造力。孩子充满好奇心,总是喜欢"打破砂锅问到底";有时候,他会拆装家里的"高科技"电子产品;有时候也会提出一些可笑且"不靠谱"的问题。看似"顽皮"的言行举止,往往就是孩子想象力和创造力火花的闪现,这样的孩子经常是老师眼中的"调皮鬼",他们可能会把教室搞得一片狼藉,也可能把游戏区或运动区当成他们的"战场"——其实,孩子们正用他们独特的创新方式探索世界。作为老师,面对孩子们调皮或不守规矩的行为,要积极引导,对有创新的、新颖的想法应给予高度的肯定;而对负面的行为要具体批评。在教学和日常活动中,我们应如何发现和保护孩子的创造力呢?

(一)如何发现孩子的创造力

有创造力的孩子往往有很强的好奇心。有的抽屉你不让他/她看,他/她一定会找个机会一探究竟。

有创造力的孩子喜欢刨根问底,有没完没了的问题,而且会不断地思索、自己也在寻找着答案。

有创造力的孩子喜欢动手。他们愿意冒险,比较调皮。有的孩子喜欢把自己想象的东西画出来,有的孩子喜欢拆拆装装。

有创造力的孩子还会对那些大部分人不感兴趣的东西产生兴趣。例如,新买来的磁性积木玩具,大部分小朋友会感兴趣积木能拼出什么形状,可能有的孩子会去关注"磁性"的特点,去尝试可以吸到家里的什么物体,这些不同寻常的兴趣,或许能促使孩子产生很多新奇的想法,发现不一样的东西。

有创造力的孩子具有敏锐的观察力,常能发现别人看不到的细节。他们还渴望把自己的发现告诉别人。这些孩子都有着丰富的想象力,他们经常赋予无生命的物体以生命、感情和意志。比如,他会幻想帽子可以变成飞碟,转起来就可以飞上太空，也可以随时降落，这虽然看起来有点异想天开，但却是孩子对太空的一种遐想。

（二）如何在日常活动中培养和保护孩子的创造力

1. 抓住日常生活中的机会

在我们每日的生活中处处需要思考，处处需要创新，尽量从多个角度想问题。遇到问题时，都是考验思维能力的时刻。与孩子一起活动的每时每刻，也同样是培养孩子创造力的最好时机。例如，我们一起到公园或操场玩耍，忘记戴帽子或者忘记带工具，那么拿什么来代替呢？手里拿的东西，如网兜、皮球，它们还可以做什么用呢……每时每刻都会有各种各样的问题，问题无处不在。

我们在现实生活中遇到的挑战、难题往往是没有答案的。有效解决问题的办法是了解面临的挑战，将关键问题的要点一一列举出来，找出每一个要点可能产生的变化，将这些可能产生的变化相互结合，形成许多新想法，并找到最佳的解决方案。想法形成就是产生众多的解决思路，在这个过程中没有所谓的愚蠢的、不靠谱的想法，我们鼓励小朋友发挥想象力和发散思维的能力。看书、去一个新地方、与不同观点的人的讨论和辩论、头脑风暴等都益于激发新的思路。思维越活跃，越有可能产生出最佳的、可操作的、有效的解决方案。

2. 自我调节与反思

产生好的想法时，往往需要再次推敲和反思，这就是自我调节和反思能力。自我调节与反思会帮助儿童构建自我效能感、自信、态度和动机。儿童拥有的世界是个开放的世界，汇集了各种各样的信息。儿童的任务不仅是寻找有关的信息，还要在现有的资源中决定使用哪些信息，筛选及整合一些想法产生有效的解决方案。反思判断就是一个筛选、整合信息并产生解决方案的过程。儿童做出决定时，需要考虑个人的经验、外在的资源及他人的想法，同时要对信息进行分析、整合和分类。通过这个分析过程产生最佳的、可行的方案。家长要鼓励儿童在产生好的想法之后，学会推敲、验证、再尝试，直至找到"最佳"的解决方案。

3. 教师的态度和观念

教师的态度和观念对小朋友解决问题有很大影响。如果教师能够鼓励小朋友创新、发散的思维，包容异见，与小朋友平等地讨论问题和分析问题，避免冲动等，对培养儿童的创造力是至关重要的。因为儿童的动机、灵活性、自信心是发展创造性思维的必要条件。

（1）鼓励孩子新颖的想法。根据心理学的研究，凡是因好奇心受到奖励的儿童，一定会愿意继续进行试验和探索。

（2）鼓励孩子自由地表达。让孩子有机会自由地表达思想、感情和意愿，对微小的创新性、想象力给予即时的鼓励，这样会提高孩子的自信心。

（3）积极地引导和解释。当孩子因好奇而做了错事，例如，将新的玩具或产品拆坏了，对此，教师既要讲明道理，指出其错误，又要肯定他们试验探索的精神，要避免惩罚、打击孩子的好奇心。

（4）培养独立思考。教师不要对孩子照顾过多，担心过多，限制和剥夺他们独立活动的机会。要允许孩子按自己的意愿去活动，为独立思考提供良好的条件。

（5）多参与、多观察。教师要积极地引导孩子参加各种活动，促使他们广泛而仔细地观察、比较和体验，在头脑中形成丰富准确和鲜明的印象，更好地发展创造力、想象力。

教师如果能及时发现和保护孩子的想象力和创造力，就能使孩子的创造性得以持续和发展，让他一生都能体会到创造的快乐。创造性对孩子的成长具有非常重要的意义。有创造力的孩子不为他人的想法所左右，能坚持自己的想法，最终找到最佳方法解决问题。而如果教师惩罚孩子因尝试而犯的错误，不给孩子表达和展示的机会，孩子的创造力、自信心都会受到遏制。

孩子天生的创造力、丰富的想象力应该得到鼓励和保护。所以，这是一场奇思妙想的"保卫战"，让他们成为快乐的创造者和探索者。

教学工具箱

创意游戏与设计 6-1

游戏主题	小动物的暑假生活
游戏工具	动物魔术方块  场景魔术方块  活动魔术方块 
游戏设计	我们为小朋友设置一个场景，元素之间看似没有明显的关系。让小朋友利用有限的元素编撰一个故事，将场景、情节等画出来，再根据图画内容讲出来。请小朋友想一想动物是如何度过暑假的？画出动物的暑假生活，并与大家分享你的故事。 我们给小朋友三个魔术方块：动物魔术方块、场景魔术方块和活动魔术方块。小朋友可以将三个魔术方块一起投掷，结果出现魔术方块的随机排列组合，小朋友们可以通过小组讨论的方式做出选择。 （1）故事中的人物、地点及活动； （2）故事的结构； （3）图画的设计； （4）如何讲解。 如果组合的结果不能令人满意，小朋友可以重新投掷魔术方块，直到得到满意的结果。 讨论结束后，每个小朋友画一幅图，并分别给大家讲一讲"小动物的暑假生活"。 

教学工具箱

创意游戏与设计 6-2

游戏主题	词语联想
游戏设计	你能说出一个与下面两个图片都有关系的词语吗？   在这个游戏中，让孩子在联想中找到某种共同的属性。小朋友可以一起讨论，并找到一个最恰当的答案，每组的答案可能会不一样，每个小组可以讲讲各自的理由，并找出其他答案的"不恰当"之处，这也是辩论式的学习方法。

教学工具箱

创意游戏与设计 6-3

游戏主题	揉面团
游戏设计	小朋友们通过加入不同量的盐、水和面粉，做成不同的面团。小朋友们记下每次盐、水和面粉的使用量，比较每个面团，观察它们物理特性的变化；还可以在同样比例的面团里加入可食用色素，比如两种不同的颜色，看看颜色不同的面团效果有什么不同，并且收集喜爱的颜色搭配。小朋友还可以学习如何评估面团，它是否光滑，是否容易揉卷，是否有黏度，等等。 小朋友以小组的形式一起尝试、比较，同时将每次尝试的结果记录下来，大家一起讨论各种组合的优势、劣势和喜好等。 

教学工具箱

创意游戏与设计 6-4

游戏主题	新式自行车
游戏工具	动力魔术方块：  形状魔术方块： 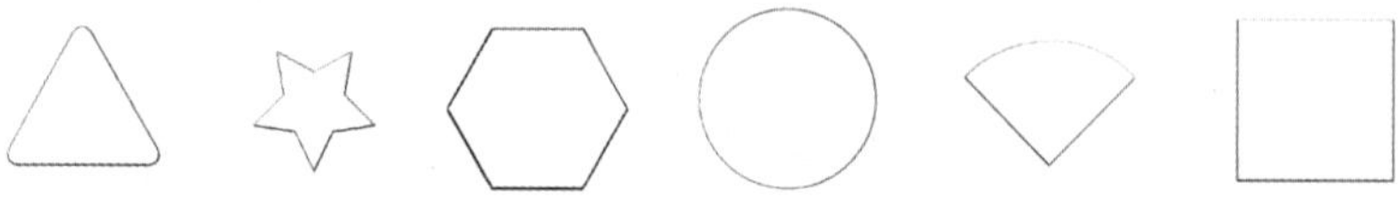 材料魔术方块： 
游戏设计	请小朋友发明一个新式自行车，说一说它的新颖之处。我们给小朋友提供三个魔术方块：动力魔术方块、形状魔术方块和材料魔术方块。小朋友可以将三个魔术方块一起投掷，结果会出现魔术方块的随机排列组合，这时候，小朋友们可以通过小组的方式进行选择。 （1）这个"新式自行车"是否新颖；（新颖性） （2）这个"新式自行车"是否可以被设计出来；（可操作性） （3）是否可以使用。（实用性） 如果组合的结果不能令人满意，小朋友可以选择重新投掷，直到得到满意的结果。 讨论结束后，小朋友将新设计的自行车画出来，并给大家讲一讲"新式自行车"的新颖之处。 

接下来，你将看到

　　艺术教育的表现形式有音乐、舞蹈、戏剧及视觉艺术，但幼儿艺术教育不仅指的是美术、音乐、舞蹈课程。艺术教育的目的是通过艺术活动来提高幼儿的综合素养。本讲将介绍什么是艺术教育，艺术教育与科艺综合教育（STEAM）的关系，艺术教育的教学方法以及教学案例。

第7讲

艺术课——
3~6岁幼儿艺术教育与核心素养

樊必健　李文玲

一、幼儿艺术教育

对于幼儿园的小朋友来说,艺术课是他们在幼儿园里最喜欢且最令人兴奋的学习体验。小朋友喜欢谈论他们在图片中看到的东西,喜欢用胶水和剪刀制作手工作品,喜欢探究艺术作品中的线条、颜色、形状、纹理、价值和空间。幼儿艺术教育是以音乐、舞蹈、戏剧及视觉艺术等活动为平台,通过艺术的表达形式使幼儿在身体、智力、社交技能和审美能力等方面得到全面发展——幼儿通过跳舞、唱歌、表演和美术,用感官探索世界,提高他们的感知能力;通过想象、发现、探究以及与他人的互动等活动,提升他们的想象力和创造力——如幼儿随着音乐的节奏一起舞动;将日常的活动,如步行和跳跃变成舞蹈;将他们用鼓槌打击的节奏声配上听到的故事;将他们看到的画面用哑剧或即兴演出表演出来。

(一) 艺术教育的元素

艺术教育包括四个元素:创作、展示、评价和应用。

1. 创作。艺术作品的创作是指原创艺术，包括构思、设计及制作。在这个过程中，儿童首先要学习一些必要的艺术技能，如舞蹈的基本动作、手工制作的基本技能等，在技能基础之上，儿童要结合自身的经历，构思（创造）新的作品；

2. 展示。它包括个人对艺术作品的理解以及对艺术作品的展示；

3. 评价。诠释艺术作品的意图和意义，可以从几个方面对艺术作品进行评估，如作品的设计构思、外形、新颖性及独特性等；

4. 应用。艺术作品的创造是否与个人经历联系起来，是否将艺术设计与社会、文化和历史背景关联起来，是对艺术作品的更高要求。表7-1归纳总结了艺术教育的元素以及对定义的解释。

表7-1 艺术教育的元素

艺术教育的元素	定义	解释
创作	产生原创艺术，构思和发展新的艺术作品	• 构思艺术作品 • 发展艺术作品 • 完善艺术作品
展示	对艺术作品的呈现和诠释，包括表演（舞蹈、音乐、戏剧）、艺术呈现（视觉艺术）、制作（媒体艺术）	• 发展和完善艺术技巧并演示 • 呈现艺术作品
评价	对艺术作品的评价	• 认识和分析艺术作品 • 诠释艺术作品的意图和意义 • 运用标准评估艺术作品
应用	将艺术创作与个人生活相结合，与社会、文化、历史背景相关联	• 将艺术创作与个人经历联系起来 • 将艺术创作与社会、文化和历史背景相关联

(二)艺术教育的形式

幼儿艺术教育最常用的四种形式如下:

1. 舞蹈。幼儿学习舞蹈的基本动作,如跳、转、摆动或静止,学会区分日常运动和舞蹈动作;学习通过这些动作来表达想法,与相应的音乐搭配;通过学习民间舞蹈和传统舞蹈,了解不同的舞蹈文化;学习使用舞蹈中的术语评论舞蹈风格、服装、速度和力量等。

2. 音乐。在音乐学习中,幼儿学习唱歌和演奏乐器,逐渐意识到音乐在日常生活中的作用,从各种音乐中了解文化;学习辨别节奏、节拍和音乐的律动,逐渐地开始创造不同的动作来响应不同的音乐。

3. 戏剧。在戏剧学习中,幼儿要学习展现扮演的角色与真实角色之间的区别。像演员一样,他们开始用自己的感官观察世界和人,创造一种感觉或情境帮助人表达情感;他们了解到感觉记忆,包括视觉、嗅觉、触觉、味觉或听觉,是演员发展的重要技能;他们可以复述一个熟悉的故事、神话或寓言,并享受为他们的表演添加服装和道具;通过扮演消防员、教师和文员,学习表演技巧。通过在戏剧化中共同发展的重要技能,他们开始明白成为演员意味着什么。

4. 视觉艺术。在视觉艺术中,小朋友可以一起仔细观察叶子长在树上的样子,或者墙壁上出现的图形。他们乐于去识别线条、颜色、形状和纹理,观察阴影以及随阳光变化的阴影。他们可能开始谈论自己的看法,如物体在靠近时看起来较大,在远处时看起来较小。小朋友还会将学到的视觉信息应用在他们的艺术创作中,学会使用颜色、图形、线条等表达感情。当他们发现艺术作品中的意义和故事时,他们会更有兴趣做进一步的分析,了解艺术家如何在自己的作品中使用线条、颜色、形状和纹理。在这个过程中,小朋友还学会了艺术的相关术语,并使用艺术术语来解释喜欢某些艺术作品的原因,也更加懂得欣赏周围世界的各种艺术品。

二、艺术教育与核心素养

（一）科艺综合的教学体系

艺术教育以艺术为出发点，培养儿童的核心素养。表现在：艺术教育以艺术活动为平台，通过艺术的创作过程，培养儿童的创新意识；不仅让儿童在艺术创作过程中享受艺术活动本身的乐趣，同时培养其艺术审美、文化修养、高级思维能力、语言和情感的表达能力等。

近年来受到人们高度重视的科艺综合教育（STEAM），也极其强调艺术和人文在科学教育中的作用。STEAM 里面的"A"不是简单指艺术，它已经延伸到人文领域。

将艺术与 STEM 融合不是简单地相加。在 STEAM 的教育体系中往往会侧重 STEM 的教育而忽略艺术和人文教育的作用。从事艺术教育的人往往强调艺术的表现和对艺术的欣赏，而忽略与技术的融合。艺术家的创造过程如果与科技融合，会极大地增强艺术本身的影响力。艺术、人文和科学有机融合才会产生 STEAM 设想的教学效果。无论是科学还是艺术人文教育，根本的教育目标都是培养学生的核心素养，那么在这样的理论框架下，它们的教学方法就可以融合和贯通。

一项来自加州的研究表明，融合科学的艺术教育可以提高贫困小学生的科学学科成绩。这项研究中的被试是三至五年级的学生，他们接受了 9 个小时的 STEAM 教学——通过视觉和表演艺术的训练课程——这些学生的科学成绩从原来的第 50 个百分位提高到第 63 个百分位。这项研究表明，所有学生都可以通过艺术教育提高科学成绩，因为 STEAM 的教学目标是高级思维能力的培养。

艺术教育的课程是一个平衡、整合的艺术课程，艺术课程一定会与其他学科相关联，艺术的创作过程有益于培养和提高儿童的动手能力，如锻炼小肌肉群，使其动作更加灵活、准确；促进手脑协调的能力；激发幼儿的好奇心和想象力，培养他们探索和创新的意识和习惯。很多艺术形式都需要观察和辨识形状、色彩、大小、身体动作等特征，这些艺术活动有益于开发幼儿的形象思维，提高幼儿的感知能力，同时培养幼儿的专注力和自律。艺术教育还会提高幼儿对艺术的审美评价能力以及对语言和情感的表达能力。

综合的艺术课程应该能够让孩子习得以下能力：

1. 艺术感知能力。通过舞蹈、音乐、戏剧和视觉艺术独有的语言和技能来加工、分析和回应感官信息。

2. 创造性表达能力。融入作品的创作和表演中，通过创编、安排和表现等过程学习相应的技能，并在他们的原创作品（正式或非正式）中传达意义和意图。

3. 历史和文化知识。学生要学习和理解艺术及其历史和文化背景。学习分析角色、功能和人文差异。同时要了解音乐家、作曲家、艺术家、作家、演员、舞蹈家和舞蹈编导等人员创作作品背后的文化及历史。

4. 反思和评价能力。审美价值包括分析和评价艺术作品，如舞蹈、音乐、戏剧和视觉艺术。学生将学习的技能应用于制作或表演。他们要学习反思和评价自己或他人的作品，从作品的原创元素、美学鉴赏以及观赏者的角度等做出评价。

5. 联系与应用。艺术课程的内容要与其他学科相联结，与学生们的生活、未来的职业相关联。只有这样才能真正提高学生们解决问题、沟通和时间管理的能力和创造力，培养学生终身学习的兴趣。

艺术教育是培养儿童创造性的一个非常重要的手段，结合艺术与其他学科开展教学活动，通过分析、设计、创作、反思和评估等教学活动，可以有效培养学生的创造思维能力；艺术教育活动还可以有效地提高思维的灵活性、创造性解决问题的能力，培养好奇心和坚持不懈的精神。接下来我们将重点讲一讲。

（二）艺术教育与创造力

我们可以让学生通过艺术活动变得更富有创造力吗？艺术教育与创造力有着紧密的联系。艺术教育是培养幼儿创造性思维的一个最佳平台。不同的艺术形式都有益于幼儿开发大脑的想象力和创造力；同时创造力与审辩思维在功能上又有许多共通性，如搜索信息、分析整合、推理评价等。

艺术创作旨在树立创新意识，培养创造性思维的方式和习惯。儿童从不会到会，可鼓励他们玩出花样，想出与众不同的点子，建立起标新立异的个性。创造力的启蒙首先要给予儿童自由，发扬他们无拘无束的优势。创意萌芽从一点一滴开始积累，积少成多是量变到质变的创新过程。教师的教学手段也与创造力培养息息相关。一套精心设计的方案可引导小朋友动手、动脑，释放他们的想象力和创造力。比如，鼓励创造性思维的指导性教学，为孩子提供选择和探究学习的条件，激发学生的内在动机，让学生有机会发挥想象力和创造力。这些教学实践不仅能促进创造力，还能促进学生的学业成就。艺术活动适用于幼儿园到小学阶段的儿童。它基于游戏的形式，在游戏活动过程中培养儿童的创造力。

（三）科艺教育的教学体系

科艺综合教学体系（STEAM）中的五个主题：科学、技术、工程、艺术和数学，有一个共同的教学目的，但又有各自的焦点。无论是哪一个主题，孩子们都要通过探究、尝试、创新去解决问题，在科艺的学习过程中培养逻辑思维和创造力。STEAM的学习经验都与未来工作有着密切的关系，这也是为什么STEAM的教学理念得到了教育工作者的大力推荐。

科艺的学习从幼儿就已开始。如幼儿在画画时，会尝试将不同颜色混合，产生新的颜色；他们会尝试用液体、不同大小的材料等去填充不同大小的瓶子；他们还会用纸张去盖房子，并尝试用不同数量的支柱使房子更为稳固。孩子们在游戏活动中，会和其他小朋友互动、探究发现、解决问题，从而获得满足感。教育工作者可以通过设置有趣的游戏活动，引导幼儿发现问题、探究问题，并通过与他人的互动，来解决问题，这就是幼儿STEAM教育的核心。

"A"在科艺（STEAM）中代表艺术。科艺的教育离不开艺术与人文，伟大的科学家和艺术家一样，也是建设者、发明家和梦想家。以达·芬奇为例，他既是一位伟大的科学家，也是一位出色的艺术家。这种组合并不像你想象中那么罕见。获得诺贝尔奖的科学家比普通科学家成为画家的可能性高17倍，成为诗人的可能性高12倍，成为音乐家的可能性高4倍。艺术方面的素养有助于孩子在STEM领域取得成功，艺术表达可以激发创造力和创新，这些都是科学突破所需的特质。这就是为什么艺术要加入STEM成为STEAM。科学家、技术开发人员、工程师和数学家都需要创造性地解决问题。

艺术教育鼓励幼儿主动地体验和发现艺术，并通过艺术教育开发想象力、创造力。孩子们在绘画、音乐、舞蹈、表演等艺术活动中，通过感官和身体的探索，发展感知力；通过对绘画、音乐、舞蹈和表演作品的欣赏，提高对周围环境中艺术的欣赏品位；通过对艺术活动的再创造，提升想象力和创造力；通过在艺术活动中的互动，培养合作及语言表达能力。

比如，孩子们可以感受手指上的绘画颜料，通过不同颜料的混合，来代表孩子们心中想象的事物，表达孩子们的心理状态——黄色可以是香蕉的颜色，小朋友可以用黄色画出香蕉，黄色还可以代表什么呢？黄色可以代表哪种味道呢？如果我们有不同重量的石头，黄色可以代表哪块石头呢？我们每个人都有不同的心理感受：高兴、烦恼、悲伤……那么黄色可以代表哪种心情呢？有了这样的引导，绘画就不只是学习绘画的技巧，而是给孩子的想象力、创造力以更大的空间，他们手下的颜色就会"活"起来，孩子们的作品就会反映出孩子们真正的内心世界，他们的创造力才会无拘无束地展示出来。很多研究表明，早期的创意艺术经验会有效地促进孩子们的认知发展，并增强他们的自信心。

三、艺术教育的教学方法

（一）幼儿园艺术教育的教学目标

1. 舞蹈

培养幼儿基本的运动技能，理解和分析基本的舞蹈元素，学习和使用基本的舞蹈词汇；创造舞蹈动作；使幼儿可以达到以下教学目标，学习对舞蹈的描述、分析和评价。

艺术感知

表现基本的运动技能，例如，步行、跑步、奔跑、跳跃、单腿跳跃和平衡。理解对立动作的概念和意义，例如，高/低、前进/后退、摆动/停止。

创意表达

创建各种动作，表达不同的个人经历，例如，回忆不同的感觉，快乐、悲伤、愤怒、兴奋。

审美价值

解释和区分不同舞种的基本特征，例如，速度、力量/能量使用、服装、场景、音乐。

2. 音乐

学习简单的乐理知识，如阅读和标注音乐符号；聆听、分析和描述音乐；学习唱歌与乐器的表演；学习创作，了解音乐的多样性；学习对音乐的描述、分析和评价。

艺术感知

识别和描述音乐中的基本元素，例如，高/低、快/慢、高声/柔和、节拍。

创意表达

唱出适合年龄的歌曲；演奏乐器，或用动作，或用语言表达对节拍、节奏、动态和旋律方向的理解。

3. 戏剧

学习和使用戏剧的基本词汇，能够理解和分析戏剧的基本元素；发展戏剧表演能力以及创新能力；了解文化和历史背景；学习对戏剧的描述、分析和评价。

艺术感知
使用戏剧的词汇描述戏剧经历,如演员、性格、合作、环境、五感和观众。
创意表达
表演小组哑剧和即兴创作,以复述熟悉的故事。
历史和文化
复述或戏剧表演来自不同文化和时代的神话、寓言和童话故事。

4. 视觉艺术

学习艺术材料、工具的使用,通过艺术作品交流和表达;发展视觉艺术的表达能力,了解视觉艺术的多样性;学习对视觉艺术作品的描述、分析和评价。培养幼儿的视觉艺术词汇,发展他们对视觉艺术的感知力,分析视觉艺术中的元素。

艺术感知
识别环境中的艺术元素,如线条、颜色、形状/形式、纹理、价值、空间等,在艺术作品中,学会应用线条、颜色和形状/形式。

审美价值
描述在艺术作品中看到的文字和表达内容。

(二)艺术教育的教学原则

1. 鼓励探索

在艺术教育的主题教学活动中,要鼓励孩子们积极探索、不断尝试。老师们不能给出标准答案。例如,我们要画一只老虎,老师可以教给孩子画画的技能,如线条的画法,老虎的头与身体的比例等,虎跑、跳、卧、坐时的特点等。如何展示老虎的这一环节则交给孩子,他们要学习设计,包括设计虎皮颜色、背景等,鼓励孩子们有自己的想法,去不断尝试。

2. 激发创意

艺术教育中的创意培养是非常重要的。无论哪种艺术形式都要给儿童营造创意的环境,让孩子们发挥他们的想象力,产生与别人不同的创意。例如,在音乐活动中，小朋友和老师学习歌曲《两只老虎》，当孩子们都会唱之后，老师可以把响铃发给每个孩子，让孩子们摇着响铃随着歌曲一起唱，还可以让不同小组的小朋友在唱不同的歌词时配上响铃，让孩子们体会不同的效果；进而老师还可以换上打击乐、敲鼓等，看看哪种配乐效果最好。在这样的活动中，孩子们会非常享受音乐给他们带来的乐趣，同时还提高了孩子们的参与感，提高了他们的创新意识。

3. 有效提问

在艺术活动中老师与小朋友间的互动也非常重要。老师的提问、小朋友的提问都会促进孩子高级思维能力的发展。它有助于老师在不做出任何判断或假设的情况下了解孩子的想法。开放式问题也为孩子提供了重要的机会，孩子们使用叙述和描述的语言来表达他们的想法，训练孩子们反思评价的能力。询问会帮助他们创造性地思考。

比如，老师们可以这样问：

- 告诉我你在做什么？
- 告诉我你画的是什么？
- 我注意到你使用了四种不同的颜色，它们好漂亮，它们代表了什么？
- 如果将两种颜色组合使用会发生什么？
- 你是如何用黏土制作的？
- 这个声音很有趣，如果你让节奏再快一点或慢一点，会发生什么呢？
- 你是怎么做出来的？

4. 自由表达

孩子们以开放的心态来到这个世界，他们的自由表达反映了他们的内心感受。以一种积极鼓励的、不评判的方式回应孩子的作品，同时，客观地鼓励孩子们描述他们所做的事情。这样的互动既鼓励了孩子的自由表达，又提高了孩子们的反思评价和语言表达能力。

（三）艺术课程的教学流程

艺术活动的教学流程也称作四步教学法，包括艺术感知、问题提出、创意制作以及作品分享（见图 7-1）。

图 7-1 艺术教学四步法

步骤一：艺术感知。让小朋友了解艺术活动的最初任务是什么以及操作的步骤。小朋友要为该艺术活动做好准备，清楚地了解老师的要求以及步骤，如舞蹈、唱歌、表演和视觉艺术等。

步骤二：问题提出。小朋友以小组的方式，互相帮助完成老师要求的活动；随后，老师会提出新的问题或挑战。比如，结合小朋友的生活经验、文化及历史背景，提出再创作的要求，小朋友通过合作创意设计，产生解决方案，如舞蹈、唱歌、表演和视觉艺术等，老师可以要求小朋友随歌而舞，自由表达。

步骤三：创意制作。小朋友可以通过小组合作讨论解决方案，例如，如何搭配某个音乐设计舞蹈动作等，小朋友根据自己的生活经历设计自己的新作品。这个过程需要小朋友的创新能力，尝试每一个想法，通过对比，挑选出最佳方案。在这个过程中也培养了儿童的创新能力。

步骤四：作品分享。产品制作后，就是展示分享的环节，小朋友要表演或展示自己的作品。通过解释自己的创作目的以及设计想法，帮助儿童培养他们的审辩思维和交流能力。其他小朋友要学习使用相应术语来分析和评价作品。

四、艺术活动教学案例——七巧板课程

对于学前儿童来说,艺术活动的选择要适合他们的兴趣和特点。本节通过具体的手工美术活动介绍如何激发儿童内在的好奇心和想象力,培养他们探索和创新的意识和习惯。手工美术活动有益于儿童观察力、记忆力、想象力和创造力的发展。

七巧板是中国传统智力玩具,沉淀千年智慧。七巧板游戏活动是数学与艺术相结合的典范。学前儿童玩七巧板的目的不是要建立数学概念,而是从形象和语言上建立起形状和名称的联系,通过形状、大小和方位,辨认板块、拼摆图像、建立空间概念。儿童在摆拼游戏中感性地认识几何形状和方块分割,为日后建立数学概念奠定基础。这也体现出艺术教育与其他学科内容的整合。

如图 7-2 所示,七巧板由七块常见形状组成,可摆出千姿百态的形象。它简单易行,适合儿童玩学,是行之有效的创意活动。它适合培养儿童的观察力、想象力、空间智慧和创造性思维。我们在这里用七巧板的教学给幼儿教师提供两个案例,一个适合低龄、小班和中班儿童;另一个适合高龄、大班和学前班的儿童。

图 7-2 七巧板及拼图

(一)案例一:小班/中班的七巧板课程

第一步 艺术感知:七巧板制作

让小朋友了解艺术活动的最初任务是什么以及操作的步骤。

1. 学习制作七巧纸板。准备一块方纸,边长10cm左右。人手一把剪刀。按图7-3顺序对折,沿折线将纸板剪开,形成七块纸板。白色表示裁剪过程,蓝色表示剪成纸板。

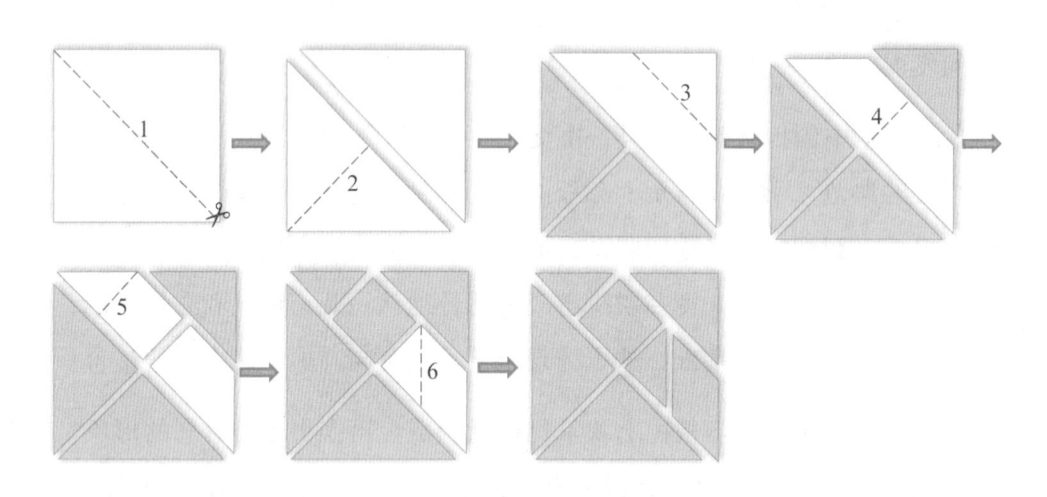

图7-3 七巧板折剪制作流程

2. 彩色七巧板。儿童往往通过色彩识别和区分板块,因此将纸板各涂一色有助于视觉提示。另外也可剪出七组同等大小、不同颜色的七巧纸板。从中各选一个色板块,组成七色彩板。

3. 自制七巧板可以改变大小和颜色,丰富表现力,是艺术创作和创造性思维的基础。在示范的过程中,讲一讲各板块的形状名称,帮助儿童认识和理解形状的分割、还原和组合(见图7-4),提高儿童的形状、方位和大小等空间意识。

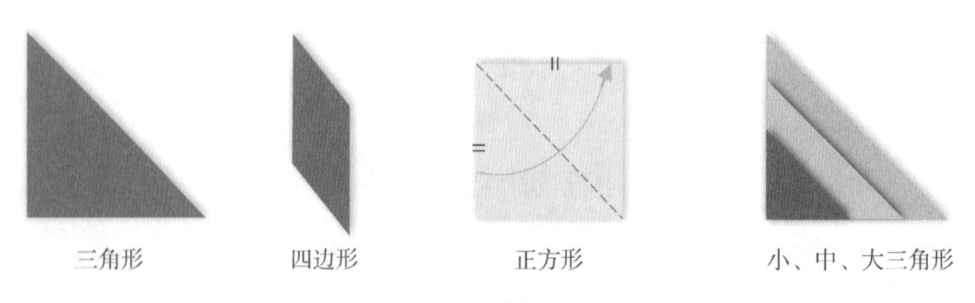

三角形　　四边形　　正方形　　小、中、大三角形

图7-4 形状名称

4. 名称与特征。举起三角形，数边问角，"这块板有几条边？几个角？""有三条边、三个角的图形叫作三角形"。举起四边形，数边问角，"有四条边、四个角的图形叫作四边形"。举起正方形，数边问角，"这块板也有四条边、四个角，是四边形。但它很特殊，它有四条一样长的边和四个一样大的角，这个特殊的四边形叫作正方形"。

5. 为了对比边长和角度，将正方形的每对邻边对齐折到一起，可以看出各个边长相等，各个角度相等。作为对比，将普通四边形的邻边对齐折到一起，便可看出它们边长和角度不等。将七巧板的五块三角形叠摞在一起，比较大小，帮助儿童看出大小不同的三角形，识别大、中、小三种三角形。

6. 板块和名称的对应练习（见图7-4）。举出七巧板中的每一块，让儿童说出其形状名称；反之亦然，说出每个名称，让儿童举起相应的板块。七巧板的玩学需要识别和区分每个板块，这是七巧板艺术创作和交流的基础。七巧板的制作培养儿童的学习能力；制作过程中的反复折叠和剪裁等动作促进视觉、触觉等感知觉的发展、手眼协调能力发展以及大脑运动中枢的发展，提高动手能力和精细运动技能，逐步达到得心应手的水平；这些手工活动还可以培养认知力——"折、齐、剪、直"培养儿童的观察和注意力，增长对直线、形状、边角等的空间意识和知识；分割与组合以及折剪顺序培养儿童的思维和记忆力，"眼看十遍，不如手过一遍"说明了动手对记忆力的促进作用。

第二步 问题提出

当小朋友完成以上活动后，老师会提出新的问题和挑战，如结合小朋友的生活经验提出再创作的要求。

（1）要求小朋友根据不同的形状产生联想；

（2）可以选2~3块板组合形成一个新的形状，并产生联想，展示图片，做出解释。

1. **形状联想**。准备七巧彩板，人手一套。分别选用不同形状的板块，通过形状特征，引导儿童观察和建立形状与实物之间的联系，见图7-5。

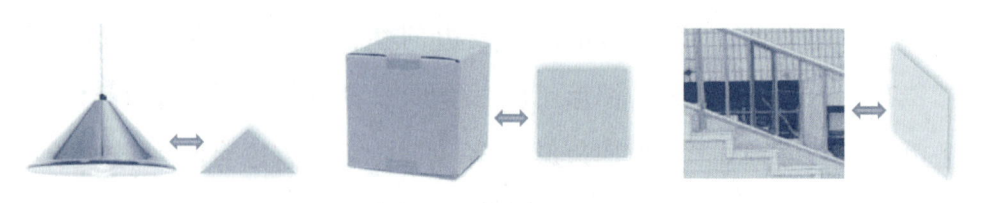

图 7-5　形状表现实物

2. 组合联想。准备七巧板，人手一套。教师选择两板组合，形成三个四边形，见图 7-6。单色便于儿童辨认组合形状，让儿童与实物产生联想，并做出讲解和说明。

图 7-6　组合形状

第三步　创意制作

鼓励小朋友以小组的形式讨论，可以通过下面几个方向的联想来启发小朋友。

1. 观察与联想。让他们比画和说说实物与形状的联系，互相启发。组合形状产生超出四边的多边形，会有意想不到的实物联想，这是儿童创意萌芽滋生的沃土。表扬奇形怪状和与众不同的联想，这些都是引导儿童创作的方向。

2. 形状特征。添加更多实例，让儿童感受形状特征与实物的联系，开阔思路。这对培养观察能力、丰富想象力和创造力大有裨益。形状与实物的联系是儿童通过形象思维构建图像的重要环节。

3. 颜色。引导儿童通过颜色表现实物与形状的联系，这是创造性思维的另一创造方向。根据需要准备各色彩笔和彩纸，让儿童自主选择颜色，表现对实物的观察。除了单色之外，引入多色彩纸和彩笔，引导儿童通过颜色变化丰富组合进行创作和联想。

4. 创意。鼓励儿童自由联想，使用单板或两板的组合；鼓励儿童自由想象，组合形状多种多样，具有宽阔的创作空间。儿童对自然和生活的观察和感受不同于成人，不必追求完美的结果。以鼓励和引导为主，逐渐建立创新意识。

第四步 作品分享

小朋友要表演或展示自己的作品。通过解释自己的创作目的以及设计想法，帮助儿童培养他们的思维和语言交流能力。将各种形状的联想作品一起展示，请小朋友讲解并指出这些作品在联想和颜色/形状方面的新意。

（二）案例二：大班／学前班的七巧板课程

第一步 艺术感知

多板组合创作。按照上面的例子制作七巧板，人手一套。教师选择多板组合，形成全新图像，见图 7-7。从一板到多板，数量增加使创作更丰富多彩，因此数量是创新的另一个创作方向。让儿童模仿拼摆，体验多板组合的创作方式。

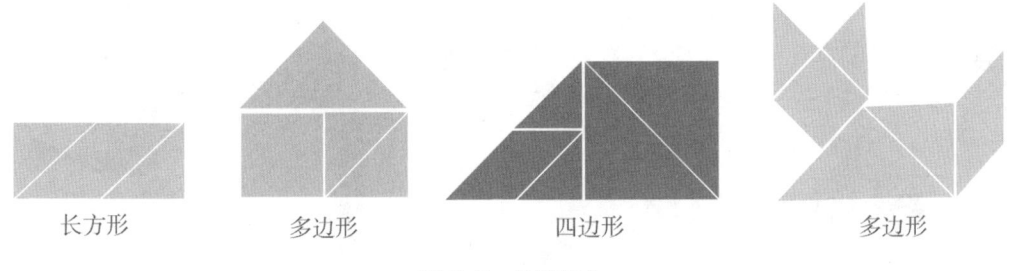

| 长方形 | 多边形 | 四边形 | 多边形 |

图 7-7 多板组合

第二步 问题提出

当小朋友完成以上活动后，老师会提出新的问题和挑战。

（1）要求小朋友根据多板摆拼，组合出某个有意义的形状；

（2）展出图片，做出解释。

3~7 块板创作。鼓励儿童自由想象，任选 3~7 块板组合创作，构建新形状，联想新实物。

多板创作从简单的几何形状演变成丰富的实物形象。儿童逐渐认识和观察实物的外部特征和直观形象，通过形象思维表现和创作各种实物。多板创作的组合方式变化多端，3 板选择有百种组合方式（3 块三角形；2 块三角形加 1 块正方形，2 块三角形加 1 块四边形等），6 板选择有千种组合方式，多种组合方式为创造新形象、表达个性提供了广泛的可能性。

第三步　创意制作

鼓励小朋友以小组的形式讨论，可以通过下面几个方向的联想来启发小朋友。

七巧板图像采用全部七板，板板相连，互不重叠。通过观察和模仿，儿童能够较快学会拼摆，体会七巧板的乐趣。初学七巧板艺术的方法主要是看图拼摆。下面是一些不同图示的举例。

1. 人物图像。人物是儿童熟悉的内容。人物造型千差万别，拼摆方式多种多样，可以按照图 7-8 拼摆。

图 7-8　人物图像

人物的拼摆模式有一定的规律性，例如正方形拼头，大三角形拼身手，中三角形和四边形拼腿、小三角形拼脚。教师通过示范说出上述规律，帮助儿童理解拼摆方法。儿童具有惊人的模仿能力，他们会逐渐识别和掌握拼摆的规律性。掌握规律是构建七巧板图像的基础，这对培养儿童的创新能力具有指导性作用。

2. 动物图像。动物也是儿童喜欢的内容，可以按照图 7-9 拼摆猫图。

图 7-9　动物图像

猫图拼摆也有规律性：正方形拼头，小三角形拼耳，大、中三角形拼身，四边形拼尾。看图拼图帮助儿童观察和建立实物与形状之间的联系，培养观察方法，提高观察能力。这是儿童通过形象思维构建图像的重要环节。儿童在认识和理解拼摆规律之后，就会用图像表达他们对现实世界的观察、想象和理解。识别和掌握拼摆规律可以培养逻辑思维的能力，为激发想象力和创造力打下基础。

除了数量、组合、颜色、联想之外，掌握拼摆规律是另一种创作方法。采用多种方法是艺术创作中的扩散性思维。从多个角度和多种途径引导儿童发挥想象力，从一点向四面八方扩展，通过已有的观念、知识、方法的重新组合，创造更多的新图像。这对拓展儿童的学习和应用知识，开拓更多的设想和方案，提高解决问题的能力有指导性作用。

3. 物体图像。单色板块失去色彩差别，它们的辨认和拼摆要求通过形状、方位和大小进行。除此之外，单色往往也有艺术表现的需要。可以按图 7-10 拼摆。

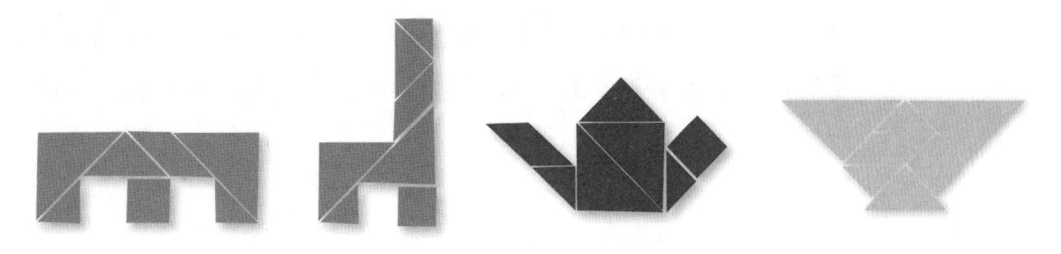

图 7-10　物体图像（单色板）

在这个玩学阶段，儿童的感性认识除了认识几何图形之外，还有助于建立物体大小和方位的空间概念，提高空间意识和空间想象能力。

4. 看影拼摆。随着年龄和玩龄的增长，儿童对七巧板的拼摆不断熟练，成就感和自信心不断增加。这时可以继续增加难度，从看"图"拼摆转向看"影"拼摆（见图 7-11）。

图 7-11　看影拼摆

影像掩盖了板块之间的分界线，只有轮廓影像作为视觉提示。看影拼图从已知转向未知，从复制转向求解。看影拼图在形象思维的基础上引入逻辑思维。它需要根据影像轮廓的提示，通过观察、判断、猜想、尝试才能拼出影像。

第四步　作品分享

创意制作后，就是展示分享的环节，小朋友要表演或展示自己的作品。通过解释自己的创作目的以及设计想法，帮助孩子培养他们的思维能力和语言交流能力。展示构想作品，指出和强调创作中的各种新意。教师通过询问鼓励儿童对话，引导儿童用语言表达自己的联想、想象和创意，说明作品内容和表达意图。在面对新事物和新知识时，通过示范让儿童在模仿讲解的过程中，接受规范化的语言表达，这对提升他们的语言表达能力具有重要的作用。

教学工具箱之艺术创意活动：多变七巧板

1. 改变色彩

儿童对色彩的偏爱和理解各有不同，给他们自我表现的自由，以色彩表现创意。通过询问引导儿童用色彩表达情感和内心世界。例如，在拼摆小狗的时候，首先给出白板，拼摆小狗图，见图7-12。提问促使儿童动脑思考：你的小狗是什么颜色呢？是黄狗、黑狗还是花狗？提问引导儿童从看图复制转向动脑求新，自主选择色彩表达自己的意愿和个性。只要有1板色彩与所给图像不同，就是创意的萌芽。图7-12展示了色彩选择的多种可能性，启发儿童开阔思路。

提供多色彩纸和画笔。让儿童自主创作彩色小狗图案，创作自己喜欢的彩色图案。

在一组儿童共同玩学时，鼓励每人选择不同的色彩及其组合，创作与众不同的个性图像，避免互相重复。通过色彩变化树立创新意识。

图7-12 板块色彩变化

2. 改变方位

方位是儿童提高空间意识的途径之一。七巧板图像的创作主要是改变板块的方向和位置。例如图7-9所示的猫图中，猫尾的形态都是依靠平行四边形的不同方位来表现的，局部转动板块即可表达不同的尾态，形成新的图案。猫头、猫耳的拼摆相同，但是方向稍有转动便可表现出不同的形态，这就是新意。猫身是由3块三角板组成，其方位各有不同，形态各异，但无非都是通过转动和平移而形成新的图像。理解和领会这些方法对儿童的艺术创作有着积极的指导作用。

除了反复演示和讲解方向与位置的作用之外，还可以通过探索的方式引导儿童根据自己的愿望和喜好创造新的图像，通过提问引导他们尝试不同方位的板块拼摆。图 7-13 始于白猫，提问引导创新思维。猫会不会偏头呢？猫翘尾巴是什么样？猫弓起身子是什么样？这些问题启发和引导儿童应用转动和平移改变板块方向与位置，鼓励他们探索尝试不同的拼摆，激发创意。图 7-13 展示板块方位的变化，启发儿童开阔思路。按照图 7-13 复制猫图。通过局部改变板块方位创作新的猫图。

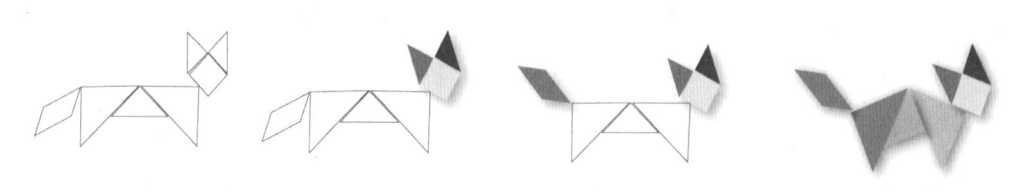

图 7-13　板块方位变化

艺术创作需要自我总结。在创作新图之后，让儿童说出图像的不同之处，讲述他们的想法，增强表达能力。创意的表达不断提高儿童的创新意识，加深儿童对创意的理解。

3. 改变尺寸

尺寸也是提高儿童空间意识的重要因素。引导儿童对图像大小的认识和理解是激发创新的另一途径。儿童对大人和小孩的区别是熟悉的，在拼摆图 7-14 所示的图像时，如果使用同等大小的七巧板拼摆，大人和小孩的身高基本相同，不符合儿童对现实世界的观察。这时可以通过提问启发儿童，判断大人和小孩谁高谁矮。图 7-15 中的"桌、椅、壶、碗"是由相同尺寸的七巧板拼摆而成，"壶碗"与"桌椅"大小相近，图像的大小比例与实物相比显得不合常理，也需要修正。

图 7-14　板块大小变化

儿童建立了大小的概念之后，便可准备大小不同的方纸，引导他们通过图 7-14 自主选择不同尺寸的方纸制作七巧板，拼摆大小不同的图像。

课题：在上图中任选两图，判断两者的大小关系。

通过改变七巧板的尺寸创作新图。放大或缩小图像是创新的另一方法。判断人物大小是通过形象思维引入逻辑思维，这是儿童认知发展的成长过程。

4. 组合图像

儿童通过图像表达对现实世界的观察和想象。组合是引导他们利用现有图像构成新的图像，儿童边玩边想，创意滋生，表达内心情感。看图拼图本身并无创意，但把三者（壶、碗、桌）组合起来就是一个新图像，见图 7-15。新主意和新点子都是创意的萌芽。

图 7-15　组合图像

引导儿童观察和思考壶、碗、桌三者之间的大小和位置关系，将三者组合在一起构成新的图像。通过改变七巧板的颜色和大小，创造出一个美观协调的新图像，达到创新的目的。

猫椅是另一组合创编的示例。它启发儿童通过想象和观察把"猫"和"椅"两个独立的图像编排在一起，并通过色彩、大小和组合构成一幅新的图像。遛狗是另一组合创编的示例。它启发儿童把大人和小狗这两个独立的图像编排在一起，通过色彩、大小和组合构成一个新的图像。

课题：自选任何图像，通过颜色、方位和大小的变化组合创新。

说说组合产生的缘由、关系和要表达的意愿，这是通过图像表达内心情感、想象和故事，提高表达能力的玩学活动。组合创新引导儿童从有到新，通过多种因素的变化创造新的图像。它是丰富联想、激发想象的创新思维活动。

5. 自由想象

颜色、方位、大小和组合创作是引导和启发儿童创新的几个指导方向，其目的是帮助儿童在艺术创作的初期理解创新的含义。鼓励和发掘他们的自由想象才是艺术创作的本质。

自由想象不受现有思维方式的限制，打破常规是创新的指导方向。例如，图 7-14（右）的人物拼摆中具有一定程度的规律性：大三角形拼身，中三角形和平行四边形拼腿。这些规律对儿童创新有积极的指导作用，但绝不是固定的思维方式。例如，图 7-16 中的三个人物拼摆便不符合上述规律。这些图例启发儿童创新不受现有思维方式的限制，要大胆地自由想象。

图 7-16　自由想象

课题：自由想象，自主创作图像。

艺术创作可以打破常规，无拘无束。即使创新图像与表达的实物相距甚远，只要儿童从自己的角度分析，表达出自己的意愿，给出自己的解释，就是创意的萌芽。幼儿艺术教育中的核心就是给予儿童自由想象的空间和创作自由。

> **接下来,你将看到**
>
> 要培养儿童的创新能力,就要从婴幼儿开始。0~3岁的婴幼儿正处于身体、感知觉、认知能力、语言能力及社会情感发展的关键时期,同时还处于从家庭到社会的重要转折点。在这个阶段,有趣的、适合的游戏活动可以帮助婴幼儿提高他们的感知能力、语言能力、认知能力,并发展他们的情感和社会意识。游戏活动的设计既要考虑游戏的趣味性,还要注意其对创新能力的培养。在本讲中我们将介绍适合幼儿园及家庭开展的创意类游戏。

第 8 讲

婴幼儿创意课——
0~3 岁孩子的游戏

一、0~3 岁托幼教育

在一个早教托育中心,一位老师坐在教室前面,手里拿着一只塑料小鸭子,正在讲"一只小鸭子"的故事,对面的妈妈们带着自己的小宝宝围坐在老师的对面,老师带着妈妈和孩子们边听故事边做着游戏,看得出来妈妈们和孩子们都享受着和谐、愉快的每一刻。

进入早教机构或托育中心标志着宝宝正式融入集体生活,开始了自己的社交活动,它是宝宝成长过程中非常重要的一步。宝宝 0~3 岁是身体发育、感知周围环境、建立与照料者及同伴亲密感的关键时期。如果宝宝在这个阶段身体发育健康,充分感知世界,建立好与他人的交往,宝宝就会保持心情愉快,建立同理心、信任感,在以后的活动中,主动学习,与朋友交往融洽,善待他人。

教育家蒙台梭利曾指出:"人生的头三年的教育胜过以后发展的各个阶段,胜过三岁直到死亡的总和。"0~3 岁婴幼儿教育对儿童的身体健康、社会情感、语言认知等方面的发展影响巨大。因此,美国很多州都开展了以家庭为中心的家庭服务体系项目,为家庭提供亲子活动资源、建立活动小组、设置婴幼儿健身房等多种服务,以加强对 0~3 岁婴幼儿及其家庭的服务与支持。

生理心理学家的研究表明,婴幼儿的大脑在发育过程中会对不同的刺激有不同的敏感程度。同时,这些环境刺激又反过来促进大脑的发育。人的大脑是唯一在出生后还具有可塑性的器官，尤其在 3 岁前。3 岁前婴幼儿的大脑会发育到成熟期的 80% 左右，大脑在这三年里迅速发育，其神经网络越来越丰富，但是如果在这段时间里没有足够的营养和刺激，它的增长速度和质量都会因此而减慢和降低。也就是说，婴幼儿处于生理和心理发展的敏感期，他们需要获得相应的刺激促进脑的发育。如果处于生理和心理发展敏感期时，儿童没有得到他们需要的刺激，生活的后期也会出现问题。例如，婴儿期需要安全感，那么父母就要提供陪伴并给予爱。一些婴儿生活在孤儿院，缺少成人的关爱，孩子的这些早期经历就会让他们产生不安全感，缺乏对他人的信任，在社会情感的发展上往往出现一些问题。由此可见，在儿童身心发展的摇篮期开始，有目的、有计划、系统的早期教育是非常重要的。

为了能更好地给婴幼儿提供适合的游戏活动，首先我们要了解清楚 0~3 岁婴幼儿的生理、心理发展特点。下面三个表将他们在感知与想象、运动与协调、语言与情感、认知与思维四个方面的特点进行了总结（见表 8-1~ 表 8-3）。

表 8-1　0~1 岁婴儿生理、心理发展特点

感知与想象	• 观察不同颜色、形状的物体，并做出反应。 • 聆听不同的声音，并做出反应。 • 有自己喜欢的事物，如听妈妈对他/她讲话，喜欢某种颜色的玩具等。
运动与协调	▶ 自己能够有目标地爬行，逐渐地坐、站立。 ▶ 会用手抓住大小适宜的物体或玩具。 ▶ 喜欢有节奏的活动，如拍手、扭动等。
语言与情感	• 父母离开时会哭闹，有不安全感。 • 以哭笑表达自己的伤心或喜悦。 • 重复某个动作或声音来吸引注意。 • 会用摇头表示"不"，点头表示"要"。 • 学习发音，开始学习叫妈妈、爸爸。
认知与思维	▶ 能够记住常发生的事情。 ▶ 发现隐藏的东西。 ▶ 知道常见的物品用途，如奶瓶、勺子、碗等。 ▶ 服从简单的命令。

表 8-2　1~2 岁幼儿生理、心理发展特点

感知与想象	• 能够识别主要的颜色、形状以及声音的高低。 • 能够识别常见物体。 • 能够表达自己喜欢的事情，如听故事、做游戏等。 • 能够感知不同的食物味道。
运动与协调	▸ 自己能够站起来，学习行走、双脚跳跃等。 ▸ 会用手抓东西，拿走或搬运大小适宜的物体或玩具。 ▸ 从容器中拿出或放回物品。 ▸ 能够随节奏打节拍或唱歌、舞动。
语言与情感	• 会用简单的语言表达喜怒哀乐。 • 开始模仿大人说话。 • 有一定的语言理解能力。 • 口语能力发展关键期。 • 会配合做亲子互动的游戏。
认知与思维	▸ 通过不同的方式探索世界（摇、敲、打、扔）。 ▸ 能够记住常发生的事情。 ▸ 发现隐藏的东西。 ▸ 找到所要的图画，如拼图。 ▸ 会使用常见的工具，如勺子、剪刀、笔等。 ▸ 服从简单的命令、回答简单的问题。

表 8-3　2~3 岁幼儿生理、心理发展特点

感知与想象	• 认识和区分主要的颜色、形状以及声音的高低。 • 能够认识常见物体。 • 有自己喜欢的事情，如某类故事、游戏等。 • 能够感知不同的食物味道。 • 感知不同材料的材质。 • 在艺术类游戏中能够展现想象力。
运动与协调	▸ 自己能够行走、跑步、单脚跳、踢球等。 ▸ 能够灵活地使用手、手指完成简单的手工。 ▸ 能够随节奏打节拍或唱歌、舞动。

续表

语言与情感	• 会用简单的语言表达喜怒哀乐。 • 会有积极的或消极的情绪体验。 • 在听故事时能够与成人有交流。 • 有一定的语言理解能力。 • 口语的词汇量会快速提高。 • 喜欢与朋友一起游戏。
认知与思维	▶ 喜欢发现和探索世界。 ▶ 能够做些简单的比较、排序或分类等任务。 ▶ 能够记住常发生的事情。 ▶ 提出很多问题，开始有一定分析和推理问题的能力。 ▶ 能够独立完成一些复杂的拼接、搭建等活动。 ▶ 会使用或利用工具来解决简单问题。

二、0~3 岁婴幼儿游戏活动的种类

热爱游戏是婴幼儿的天性，游戏是儿童生活的重要组成部分，也是婴幼儿学习的主要方式。婴幼儿通过游戏了解和感知他们周围的世界，通过游戏活动发展身体运动的协调性、发展情感和社会技能，提高语言的理解和表达能力，从而更加自信地尝试新的经验和探索新的环境。游戏的种类多种多样，它包括社会性游戏、感觉性游戏、建构性游戏、模拟游戏、替代模拟游戏、象征性游戏、社会戏剧游戏和规则指导下的游戏。

无论是家庭游戏还是在托幼机构或托育中心的教学游戏，家长或教师要设计有趣的、适合的游戏，引导婴幼儿不断探究。游戏是婴幼儿学习的最佳方式，在游戏中可以提高他们的语言能力、与他人的社会交往能力、创造力以及解决问题的能力。家长或教师在游戏中引导并鼓励婴幼儿尝试新鲜事物。这就是"玩中学，学中玩"的道理。

(一) 0~3岁婴幼儿家庭游戏

婴幼儿家庭游戏的目的是通过有趣的艺术游戏来培养他们的感知能力、认知能力、语言能力、创造力以及解决问题的能力。

1. 家长选择游戏时，要选择那些注重创造力培养的游戏。例如，在涂色游戏中，传统的涂色游戏让小朋友给图片涂色，如葡萄就要涂上紫色，香蕉就要涂上黄色，这种活动可以做，但不够有趣，也不能培养婴幼儿的想象力和创造力。如果在涂色游戏中，小朋友可以在彩色铅笔中选择自己认为适合的颜色，根据不同的生活经验，同一种物体或动物的颜色可以有多种选择，例如，牛，经典的颜色是黑色，但是在夕阳余晖映照下也可以是棕色。同一幅图画，也可以有多种颜色的组合。通过这样的活动，培养想象力和创造力。这样的游戏就是更佳的选择。

2. 家长选择游戏时，要选择那些注重高级思维能力培养的游戏。比如，图画匹配的游戏、比较图画不同的游戏、寻找隐藏图画，还有迷宫探险类游戏等，它们都注重培养婴幼儿的高级思维能力，如匹配、比较、对比以及解决问题的能力。

3. 家长选择游戏时，要选择那些注重婴幼儿综合素养提高的游戏，包括感知能力、动作的协调与控制能力、语言与思维以及情感沟通能力。一个游戏活动不仅培养某一项能力，还要注重综合素养的提高，例如，趣味涂色主要是培养婴幼儿的感知能力和想象力，同时我们又要求小朋友讲一讲为什么这样画，这就提高了婴幼儿的语言表达能力。所有的游戏活动我们都鼓励家长与小朋友一起来做，这样有益于婴幼儿与家长的情感交流。

(二) 0~3岁婴幼儿教学游戏

0~3岁托育教育中，主要有两种教学游戏：一种是由教师指导的亲子活动；另一种是由教师指导的游戏活动。教师按照教学目标而设计教学活动。

1. 亲子活动

亲子活动一直被认为是一种科学的家庭教育方式，强调父母与孩子在情感沟通的基础上实现双方互动。但实际上它还是一种帮助婴幼儿从家庭走向社会的重要的教育方式。亲子活动在婴幼儿阶段（0~3岁）尤为重要。在这个时期，孩子开始接触社会，要开始早教托幼中心、幼儿园等环境的生活。从完全依赖父母到逐渐能够与社会交互，亲子活动提供了一个良好的教育途径。

托育教育应该将亲子活动引入婴幼儿教学活动中来，越是低龄的儿童越需要更多的亲子活动。亲子活动以孩子为主体、父母为主导、教师为引导。亲子活动对孩子语言认知的发展、社会情绪的发展都有重要的促进作用。成人可以引导孩子获得愉快的情绪体验，培养孩子的交往能力，并且从接触各种事物中直接获得经验和体验，发展感知能力，提高注意力、想象力、语言和思维等各方面认知能力。

在托育教育中开展亲子活动不仅对婴幼儿成长有着重要的意义，还帮助家长更好地了解婴幼儿教育。特别是针对0~3岁婴幼儿这个特殊的群体，在这一关键时期，父母最缺乏经验，时常对孩子的行为变化感到紧张和疑惑：我的孩子是不是说话晚了？他为什么老爱哭呢？这些惶恐伴随着孩子的每一个变化。许多家长不知道婴幼儿在发展中存在"敏感期"，他们发现婴幼儿逐渐能够翻身、爬行、坐、站、走，看到他们在动作、语言、情感等方面的发展，时常感到惊喜又困惑，在育儿实践中缺乏必要的知识储备和专业指导。

2. 教师指导的游戏活动

亲子活动比较适合低龄婴幼儿，当婴幼儿逐渐适应了托育中心的生活，教师就可以开展更多由教师指导的游戏活动，如户内或户外的运动类游戏、音乐或舞蹈类活动、动手类游戏以及讲故事等活动。

三、0~3岁婴幼儿教学游戏设计

来到早教机构或者托育中心，3岁前的婴幼儿会参与更多有指导性的游戏活动，这些游戏活动不同于在家的随意玩耍。3岁前的托育教学中要注重"玩中学，学中玩"的原则，游戏的设计要符合儿童心理学的教学原则。婴幼儿教育的目的是将其培养成一个主动的学习者、探索者和思考者。儿童心理学的教学原则可以归纳为：整合学习、动手学习、融入游戏活动、鼓励分享与表达。

（一）整合学习（Integrated Learning）

整合学习是在概念和经验之间建立联系的过程，将获得的信息和技能应用于实际生活，面对挑战并解决问题。我们的教学目标是将理论与实践结合，将习得的概念、方法应用于社会实践中，培养学生的创造力和解决问题的能力。

幼儿的学习要与他们的生活结合。例如，捡豆子，小朋友在生活中见过豆子，让他们将豆子从一只碗里捡到另一只碗里，训练了小朋友精细动作的能力；如果学习颜色、形状的知识，我们可以利用积木的相关特征，让小朋友了解不同的颜色和形状；小朋友都熟悉蛋糕，我们可以用黏土制作蛋糕，带领小朋友做"切蛋糕"的游戏，让小朋友学习形状、数字等概念。

（二）动手学习（Hands-on Learning）

动手学习是一种有效的学习方法，它鼓励小朋友通过"做"学习，就是我们常说的"边做边学"。技能的学习几乎不可能在课本里全部获得，最好的办法就是亲力亲为，只有经历过、动手操作了，孩子才能真正地理解和掌握（除了有些理论的学习，实验室研究是无法动手操作的）。总之，对于3岁前的婴幼儿来说，动手学习有利于提高其参与感，通过参与、动手获得自信感和成功感。

（三）融入游戏活动（Games & Activities）

游戏是儿童的天性，是儿童生活的重要组成部分，也是他们学习的有效方式。儿童常常通过游戏感知周围的世界，通过游戏活动发展身体协调性、情感以及社会技能，自信地尝试新的经验和探索新的环境。

在托育教学中，教学既要富有乐趣又要富有探究性，它不仅能激发儿童的主动探究，还能开发他们的创造力。经过精心设计的游戏就是儿童学习的最佳方式——他们在游戏中培养与他人的社会交往能力，在问题解决的过程中提高不断探究的兴趣。

(四)鼓励分享与表达(Sharing & Presentation)

培养婴幼儿的表达能力既是对他们口语能力的训练,同时也培养了婴幼儿与他人的沟通能力和自信心。在托育教学中,教师不仅要让婴幼儿主动参与各种游戏活动,还要给他们创造机会,让他们表达自己的想法,分享自己的快乐。在每日的教学活动中,教师应做到以下几点:

1. 创造各种机会鼓励婴幼儿发表自己的看法;
2. 鼓励婴幼儿与其他小朋友交流,学习倾听和分享;
3. 鼓励婴幼儿展示自己的作品、参与集体表演(唱歌、跳舞、戏剧表演等)。

四、托育成长阶段

在托幼机构或托育中心,我们可以将婴幼儿教育分为三个阶段:小小观察家(0~1岁)、小小探索家(1~2岁)、小小表演家(2~3岁)。根据三个成长阶段婴幼儿的生理及心理发展特点,我们相应设计了三个阶段的婴幼儿学习活动内容(见图8-1)。

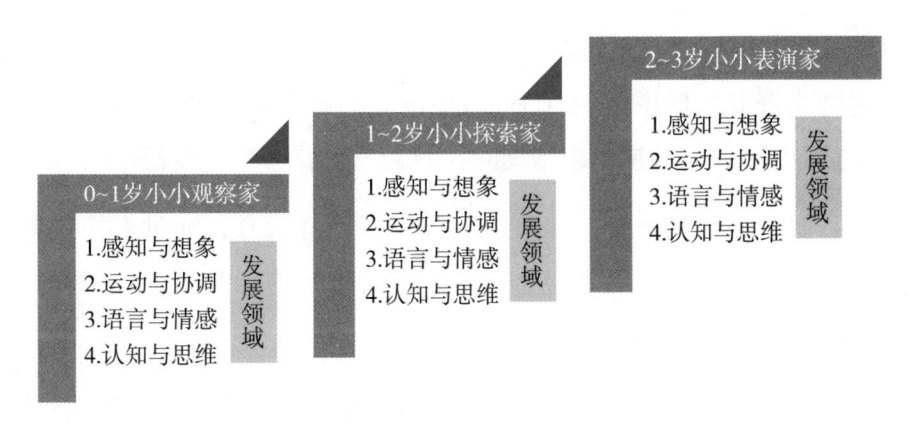

图 8-1　0~3岁婴幼儿游戏活动设计

（一）小小观察家（0~1岁）

1岁前的婴儿正处于身体发育的重要时期，孩子开始学习翻身、滚爬、坐卧等动作，在这个阶段成人要给孩子创造条件，刺激孩子的大肌肉运动以及平衡能力；0~1岁是宝宝视觉、听觉、触觉发育的关键期，我们要给宝宝提供可以促进婴儿感知觉的各种活动，帮助婴儿更快地适应环境，并开发婴儿的感知能力和想象力；这个阶段也是婴儿建立安全感的重要阶段，家长要经常与孩子进行交流，包括安抚、拥抱以及语言的交流。

这一阶段的游戏要配有相应的视听觉玩具（丰富的颜色及听觉刺激），如颜色游戏、歌曲、婴儿鼓乐器、手抓玩具等。下面是一些游戏的例子。

1. 感知与想象

在这一阶段，婴儿的感知与想象的特点如下：

- 观察不同的颜色、形状，聆听不同的声音；
- 能够对简单的要求做出反应；
- 有自己喜欢的事情，如听妈妈讲话、喜欢某个玩具等。

游戏举例

视觉：培养宝宝对颜色的识别。老师轮流拿出不同颜色的气球，如红色和绿色。老师指着红气球说："这个是红色气球。"看看宝宝对颜色是否有反应，观察宝宝对不同颜色的反应。老师询问："绿色气球是哪个？"看看宝宝的反应。

听觉：使用响铃、摇铃、拨浪鼓、沙锤等声音玩具，通过变换位置、改变节奏吸引宝宝的注意。看看宝宝是否对声音有反应，是否追踪声音的位置变化。

形状：给小宝宝一套木制玩具——形状匹配玩具（包括三种形状：圆形、正方形、正三角形）。由老师或者家长带领宝宝玩，教宝宝握住形状木块上的把手，把每个扁木块放进对应形状的凹槽中——让木块"回家"，同时说出形状名称，如"圆形。圆形回家啦"。鼓励宝宝自己玩。

2. 运动与协调

在这一阶段，婴儿的运动与协调的特点如下：

- 自己能够有目标地爬行，逐渐开始坐、站立；
- 会用手抓住大小适宜的物体或玩具；
- 喜欢有节奏的活动，如拍手、扭动等。

游戏举例

老师准备一些挂式玩具。打开音乐，让小宝宝举手拉一拉，训练小宝宝上臂运动以及手的精细动作的同时，也让宝宝体会成功拿到东西的乐趣。

3. 语言与情感

在这一阶段，婴儿的语言与情感的特点如下：

- 父母离开时，会哭闹，有不安全感；
- 可以通过哭笑表达自己的伤心或喜悦；
- 通过重复某个动作或声音吸引注意；
- 会用摇头表示"不"，点头表示"要"；
- 学习发音，开始学习叫"妈妈""爸爸"。

游戏举例

老师或者家长拿出乌鸦玩偶（或图片），吸引小宝宝的注意力。一边让乌鸦上下"飞"，一边模仿乌鸦叫声"啊—啊—啊—"。鼓励小宝宝跟着大人一起模仿乌鸦叫"啊—啊—啊—"，一旦宝宝开始模仿，老师也通过重复模仿回应宝宝。

4. 认知与思维

在这一阶段，婴儿的认知与思维的特点如下：

- 能够记住经常发生的事情；
- 发现隐藏的东西；
- 知道常见物体的用途，如奶瓶、勺子、碗等；

- 服从简单的命令。

游戏举例

老师或者家长手里拿着一只小鸭子，并把小鸭子藏在背后。问宝宝："小鸭子在哪里？"让宝宝找一找小鸭子在哪里。

（二）小小探索家（1~2岁）

1岁后，宝宝的发展出现两个重要的里程碑：开始学习走路；开始咿呀学语。这个阶段的孩子对新鲜的视听刺激都会有明显的反应；他们需要安全感，对父母、尤其是对每日亲近的家人有依恋感；这个阶段的活动要以亲子活动为主。1~2岁的宝宝要在运动、活动中发展身体大肌肉；提供丰富的感知信息可以促进幼儿感知觉能力的发展；同时还要注重语言能力的培养，这是幼儿学习口语词汇的关键期，他们富有极强的探索世界的愿望，下面是一些游戏的例子。

1. 感知与想象

在这一个阶段，幼儿的感知与想象的特点如下：

- 能够识别主要的颜色、形状以及声音的高低；
- 能够识别常见物体；
- 能够表达自己喜欢的事情，如听故事、做游戏等；
- 能够感知不同的食物味道。

游戏举例

听觉：老师或者家长问问小宝宝："是不是见过狗狗和公鸡？"拿出小狗和公鸡的玩偶或图片，告诉宝宝哪个是狗狗、哪个是公鸡；播放小狗和公鸡的叫声，让小宝宝识别哪个是狗狗的叫声，哪个是公鸡的叫声（可以在听的同时指出玩偶或图片）；引导宝宝模仿小狗和公鸡的叫声；还可以一边讲故事，一边让小宝宝听到小狗狗出现时就模仿小狗的声音，有公鸡出现的时候就模仿公鸡的叫声。

视觉：老师问问小宝宝："有没有见过彩虹？"老师询问小朋友们："红色

是什么颜色？蓝色是什么颜色？黄色是什么颜色？绿色是什么颜色？"老师引导小朋友看彩虹图片，用小朋友的小手指，指着每一层彩虹的颜色，逐层问小朋友："这是什么颜色？"

物体形状识别：老师问问小宝宝："有没有见过七巧板？"老师询问小朋友们："哪个是三角形？哪个是正方形？"老师还可以准备多种样式的文具，介绍文具类别的不同，如铅笔、尺子、橡皮、书本等。老师拿出某种文具，问问小朋友是什么。

2. 运动与协调

在这一个阶段，幼儿的运动与协调的特点如下：

- 自己能够站起来，学习行走、双脚跳跃等；
- 会用手抓东西、拿走或搬运大小适宜的物体或玩具；
- 从容器中拿出或放回物品；
- 能够随节奏打节拍或唱歌、舞动。

游戏举例 1

培养宝宝大肌肉运动的能力。老师或家长为小朋友每人准备一个小皮球。成人拿起其中一个皮球，蹲下抱起，小朋友们学着成人的样子抱皮球；小朋友们两两结成小组轮流抱球；还可以让小朋友学习用一只脚去踢球。

游戏举例 2

培养宝宝精细动作的能力。老师或者家长准备一些不同颜色、不同长度的吸管和一个水瓶。请小宝宝将不同颜色的吸管找出来。请小宝宝将同样颜色的吸管放进水瓶里。

3. 语言与情感

在这一个阶段，幼儿的语言与情感的特点如下：

- 会用简单的语言表达喜怒哀乐；
- 开始模仿大人说话；
- 有一定的语言理解能力；

- 口语能力发展的关键期；
- 会配合做亲子互动的游戏。

游戏举例

"这是说童谣时间。"小朋友可以围坐在老师的前面，老师挥动两只手一边做动作，一边说童谣。

《小司机》

小司机——嘀嘀嘀！嘀嘀嘀！

我是一个小司机。

爸爸妈妈上车吧，

我送你们上班去。

老师多重复几遍，让小宝宝逐渐可以跟上老师，一起说童谣。

4. 认知与思维

在这一个阶段，幼儿的认知与思维的特点如下：

- 用不同的方式探索世界（摇、敲、打、扔）；
- 能够记住经常发生的事情；
- 发现隐藏的东西；
- 找到所要的图画，如拼图；
- 会使用常见的工具，如勺子、剪刀、笔等；
- 服从简单的命令，回答简单的问题。

游戏举例

老师给小宝宝们分发塑料小铲子和小桶。让一个小朋友将"小铲子"发给其他小朋友，同样，另一个小朋友将"小桶"发给其他小朋友，多做几次让小宝宝了解它们的名称；带小宝宝去院子玩沙子，演示如何使用铲子铲沙子，用小桶装沙子或者水；让宝宝自己玩铲子和小桶，发现铲子和小桶的用途；如果宝宝积极参与，可以给宝宝发一个奖励小粘贴。

（三）小小表演家（2~3岁）

进入2岁以后，宝宝已会走路，要在平衡能力、协调能力方面加强训练；开始具备一定独立能力；语言方面，能使用最常用的词汇或短语与成人交流。成人要鼓励这个阶段的小朋友认识更多同龄人，并积极参加集体活动；同时，这个阶段是幼儿阅读、艺术、科学等知识领域的启蒙阶段，鼓励小朋友除参加室内外的各种运动项目，促进身体的健康成长之外，还应参加多种艺术（美术、音乐、舞蹈）活动，提高艺术的表达能力，参加听故事、讲故事等活动，提高语言的口语表达能力以及幼儿的阅读兴趣，参与动手游戏，更多地了解和探究周围世界。下面是一些游戏活动的例子。

1. 感知与想象

在这一个阶段，幼儿的感知与想象的特点如下：

- 认识和区分主要的颜色、形状以及声音的高低；
- 能够认识常见物体；
- 有自己喜欢的事情，如某类故事、游戏等；
- 能够感知不同的食物味道；
- 能够感知不同材料的材质；
- 在艺术类游戏中，能够展现想象力。

游戏举例

老师准备颜色匹配板（见图8-2）和不同颜色的纽扣。老师做出示范，让小朋友将同样颜色的纽扣镶嵌到颜色匹配板上。小朋友自己完成其他纽扣的镶嵌。

图8-2 颜色匹配板

2. 运动与协调

在这一个阶段，幼儿的运动与协调的特点如下：

- 自己能够行走、跑步、单脚跳、踢球等；

- 能够灵活地使用手、手指完成简单的手工；
- 能够随节奏打节拍或唱歌、舞动。

游戏举例

老师为小朋友准备一碗豆子和一个冰块格子。老师从有豆子的碗中捡起一颗豆子，放进冰块格子的小格子中。小朋友们学着老师的样子捡豆子。一个冰块格子用 5 颗小豆子填满，当一人填满一个格子时，游戏结束。轮流开展活动。可以分两组比赛，看哪组小朋友做得又快又好。

3. 语言与情感

在这一个阶段，幼儿的语言与情感的特点如下：

- 会用简单的语言表达喜怒哀乐；
- 会有积极的或消极的情绪体验；
- 在听故事时，能够与成人有交流；
- 有一定的语言理解能力；
- 口语的词汇量会快速提高；
- 喜欢与朋友一起游戏。

游戏举例

老师准备不同味道的食品或水果。让小朋友看看它们都是什么，说说是通过哪个器官来观察的；让小朋友闻闻它们的味道，说说是用什么器官来闻的；让小朋友尝尝它们的味道，说说是用什么器官来尝的；让小朋友闭上眼睛，老师敲敲不同的乐器（铃铛、鼓等），让小朋友猜猜它们是什么，说说是用什么器官来听的。

4. 认知与思维

在这一个阶段，幼儿的认知与思维的特点如下：

- 喜欢发现和探索世界；
- 能够完成一些简单的比较、排序或分类等任务；

- 能够记住经常发生的事情；
- 提出很多问题，开始具备一定分析和推理问题的能力；
- 能够独立完成一些复杂的拼接、搭建等活动；
- 会使用或利用工具解决简单问题。

游戏举例

老师准备一些动物图片。动物体型有大有小，同种动物的体型也有大有小。让小朋友看看图片中是什么动物，谁更大，谁更小。

0~3岁婴幼儿的健康成长是我们所有家长和老师都关心的。这一阶段的教育目的就是要尊重每一个个体，了解每个小朋友的生理及心理发展特点，通过有趣的、适合的游戏活动，让小朋友在"玩中学、学中玩"。培养婴幼儿对周围环境的兴趣，提高婴幼儿的感知能力、语言能力，开发婴幼儿的想象力、创造力，使他们成为一个主动的学习者、探索者和思考者。希望本讲对0~3岁婴幼儿的游戏活动的介绍，能够帮助家长和老师们成为小宝宝们最好的呵护者、最好的陪伴者、最好的指导者。

> **接下来，你将看到**
>
> 　　婴幼儿对音乐活动有天然的兴趣，本讲将介绍在托幼机构和家庭日常生活中，成人如何通过与婴幼儿互动、歌唱、律动、打击乐器和欣赏活动，帮助婴幼儿发展创造力。

第9讲

婴幼儿艺术课——
以0~3岁孩子的音乐教育为例

王甘[1]

一、以一个音乐游戏为例

不满3岁的安安是一个小火车迷。在日托中心，他最爱的玩具就是火车玩具：可以搭建长长铁路线的木头轨道，还有各种车头、车厢，尤其是一套托马斯火车头，它们各有各的名字和编号，他爱不释手。这天，他拿着小火车托马斯，嘴里呜呜地发着声响，朝着老师"开"过来。

老师随手拿起名叫培西的小火车放到轨道上，她灵机一动，陪安安玩起音乐游戏来。她对安安说：

"培西想跟托马斯玩一个游戏，他怎么叫，托马斯就学着他那样叫，好吗？"

安安欣然同意。于是，两人的游戏开始啦！

培西（老师）："火车要出发啦，呜—呜—"。

托马斯（安安）："出发啦，呜—呜—"。

---

[1] 耶鲁大学人类学博士，于2001年在北京创办教育创新机构"小橡树幼儿园"，中国音乐家协会奥尔夫专业委员会副主席。

培西（老师）："开动啦，突—突—"。

托马斯（安安）："开动啦，突—突—"。

培西（老师）："加速啦，库乞乞乞库乞乞乞"。

托马斯（安安）："加速啦，库乞乞乞库乞乞乞"。

……

就这样，两人一边发出各种长短的声音，一边在轨道上"开"着自己的火车。这样玩了一会儿，老师对安安说：

"现在，培西想跟着托马斯学怎么叫啦！托马斯先叫，然后培西叫，好吗？"

"好！"

安安欣然同意。接着，他嘴里念念有词地带着老师"开"起火车来：

"火车上山啦，突—突—，进山洞啦，库乞乞乞……"

他随口念的，正是两拍子节奏型啊！

创造力一般指的是创造新颖而有用的主意和成果的能力，是从新的角度看待问题或情况的一种方法。在上面的案例中，安安一边让他的托马斯小火车在轨道上运行，一边发出各种声音。他发出的声音是节奏型，可能大部分来自与老师游戏时学到的声音，但是如何组合，如何在各种情境下使用，却来自他的小脑袋瓜。因此，这虽然是个小游戏，但却非常接近音乐游戏活动中的节奏创编。这个时候，安安已经表现出很强的创造力。

人们常说创造力是非常重要的一种能力。现代婴幼儿音乐教育非常重视儿童的兴趣、合作、主动性、探索性和创造精神，强调婴幼儿从小就可以参与到音乐创造（music making）的过程中。这些特点都与创造力的培养紧密相关（关于创造力的培养原则，详见本讲相关内容）。因此，音乐游戏活动可以成为一种极佳的培养创造力的途径。

二、儿童音乐能力的发展 VS. 与生俱来的创造力

很多研究者相信，尽管存在个体差异，但儿童具有与生俱来的创造力。我们从婴幼儿的音乐能力发展，就可以看到儿童天生的创造力。

生命的第一年，婴儿在倾听、发声、让周围物体发出声音、被动与主动的身体动作、与成人互动等方面，有诸多的表现和发展。

婴儿出生后　随着慢慢长大，婴儿清醒的时间也越来越长。成人在照料婴儿哺乳、换尿布、擦洗的时候，会发现婴儿逐渐对声音产生兴趣，例如，两个多月的婴儿就可能把头转向发出轻柔乐声的八音盒，甚至因此兴奋地舞动手脚。他们也开始发出各种声音，开发自己的发声器官。如果成年人对着他们发出各种声音，他们可能流露出兴趣——当然，小婴儿流露出的兴趣可能不像成年人那么明显，需要仔细观察才能发现，婴儿可能用安静下来、移动身体部位、发出声音，或者在外部声音消失后移动身体部位等方式表现对声音的兴趣。

到半岁左右　婴儿关注外部声音的现象更为明显，他们甚至尝试用动作去影响物体，让物体保持发声或者停止发声。在七八个月左右，婴儿开始尝试爬行后，用身体动作探索物体发声的意图更为明显，他们会用力爬动，去追随发出声响的皮球，敲击发出声音的盒子，也会松开物体使其掉落，发出声响。随着婴儿对自己的发声器官的开发日益成熟，他们更频繁发出声音，甚至用声音与成人互动，发起类似问答的交互游戏。半岁以后，成人普遍更频繁、更积极地与婴儿互动，有节奏地念歌谣或歌唱，同时抱着婴儿摇摆、轻轻拍打。这些游戏都给婴儿带来很多快乐。婴儿也更频繁地主动发起游戏。

从半岁到 1 岁　婴儿开始尝试语言，他们可能更自由地移动到声源附近，或用动作、表情要求成人和自己玩某个游戏，后来还可能模仿成人念歌谣或歌曲的某个音节或最后一个字。到 1 岁左右，他们也可能根据语言或音乐信号，使身体紧张，或者晃动身体，做出与外界音乐相配合的动作。

1 岁以后　宝宝进入学步阶段，成为学步儿。学步儿的身体更灵活，有些

宝宝更喜爱随着音乐扭动身体。他们能追随声源，请求成人播放喜爱的音乐。也开始敲打各种可以被敲打的物品，探索各种物体发声。他们经常要求成人重复他们以前听过的歌谣或唱过的歌曲，通过倾听和参与，越来越完整地记忆，甚至模仿。

2岁以后　他们开始尝试歌唱，虽然音高方面还不够成熟，但是成人经常可以根据节奏或歌词的相似性，听出宝宝唱的是什么歌。他们能够跟着节奏明显的音乐做动作，也喜爱做各种模仿动作。他们能用简单的打击乐器给乐曲伴奏，也能够参与用身体动作或打击乐器表现乐曲的欣赏活动。

三、通过音乐游戏活动发展创造力

学龄前是儿童音乐能力发展的重要时期。重视儿童的兴趣、主动性、探索性、合作和创造精神的音乐游戏活动，不仅能够帮助儿童发展音乐能力，还可以通过活动，帮助儿童发展创造力。无论是在家庭中还是在托幼机构里，成人都可以通过提供音乐互动和音乐环境，帮助婴幼儿发展音乐能力和创造力。

对婴幼儿来说，成人提供的互动活动是最重要的音乐学习途径。这里的成人，不仅包括家庭里的主要看护者和托幼机构的老师，还包括家庭中其他成年人。他们与婴幼儿的积极互动都可以很好地支持婴幼儿的发展。仔细阅读下面列出的活动，大家会发现，有些活动是成年人出于对宝宝的喜爱，自发与宝宝进行的互动。下文会着重介绍这些活动对婴幼儿音乐能力发展的意义，特别是侧重创造力培养的具体做法。也许能帮助读者更加系统且积极地与婴幼儿互动，更加欣赏宝宝的点滴进步。

下面将从六个方面介绍成人可以与婴幼儿做的音乐游戏互动：①声音交流；②被动律动；③歌唱游戏；④主动律动；⑤打击乐器；⑥音乐欣赏。

（一）声音交流

宝宝一两个月大时，成人在宝宝清醒的时候，就可以利用喂奶、换尿布、清洗、游戏的间歇，用轻柔而有起伏的音调，与孩子做声音互动。

我们正在做什么

成人可以亲切地称呼宝宝的名字,用起伏而有韵律的简单语言,描述和宝宝一起做的事情。例如:"宝宝醒来啦,我们要换尿布啦!"刚开始,宝宝看上去好像没有什么反应,但是,这些互动不仅可能成为宝宝今后语言与音乐发展的基础,也帮助成人逐步养成与宝宝保持亲切而频繁互动的习惯。

你也想要说一说

宝宝从两三个月大开始,就可能发出各种声音,这是宝宝在探索使用发声器官。成人可以仔细倾听宝宝发出的各种声音,对着宝宝的小脸,看着宝宝的眼睛,模仿宝宝发出的声音,好像在回应宝宝一般。等宝宝再发出声音,继续做这样的回应,好像两人开展"对话"一样。成人和宝宝做这样的游戏,是在告诉宝宝,你发出的声音很重要,"我听到了,我做了回应。下面又该你啦!"这样的游戏不断反复,宝宝能从中学会交流的基本方式。

(二)被动律动

新生儿出生后不久,成人把他们抱在怀里,一边轻轻晃动一边唱着催眠曲。这些催眠曲不一定是大家作品,可能只是各个地区方言里的歌谣,但是在成年人怀里一边听着哼唱一边被摇晃着进入梦乡,这就是宝宝最早的被动律动。随着宝宝的成长,可以玩的被动律动游戏越来越多。

1. 拍、点身体部位的童谣与游戏

传统童谣中有不少是拍、点身体部位的游戏,成人可以一边说着童谣,一边轻轻拍、点宝宝相应的身体部位。例如河北地区的童谣《大拇哥》。

《大拇哥》

大拇哥,

二拇弟,

钟鼓楼,

唱大戏,

小妞妞,

也要去，

上山，拐弯儿，听声儿，

看灯，闻味儿，吃饽饽，

扑通一声掉下去！

成人一边富有节奏感地说着童谣，一边依次点触宝宝的每个手指头，然后轻抚宝宝的手臂一直向上，然后随着儿歌中描述的动作，依次碰碰耳朵、眼睛、鼻子、嘴巴，最后一句用一个宝宝能够接受的大一点的动作，让宝宝安全地体验"掉下去"的感觉。

又比如山东地区的童谣《拍脚板》。

《拍脚板》

啵儿啊啵儿啊，

打驴蹄儿。

驴蹄儿光，

打周仓。

周仓戴着个皮帽子，

嘿儿哈地喝道子。

成人一边有节奏地说着童谣，一边抓住宝宝的脚脖子，让两只小脚有节奏地拍脚掌。

通过这些活动，宝宝逐步认识自己的身体，逐步发展对自己身体各部位的控制能力，也积累了对节奏韵律的认识。

2. 膝上游戏

在很多文化中，成年人都会和宝宝玩一类游戏——成年人把宝宝放在腿上，一边有节奏地颠动宝宝，一边说儿歌。有的时候，还会佯装快要掉下来，制造一个小高潮，让宝宝体验从紧张到放松的快乐情绪。这类膝上游戏有很多，比如下面这一个。

> 小马小马驮着我,
>
> 穿过树林过小河,
>
> 小马小马——
>
> 摔下我!

前面三句,成人坐在椅子上,把宝宝放在腿上,双手扶在宝宝腋下,把宝宝托稳,一边说儿歌一边有节奏地颠动宝宝。第三句可以拖长腔,制造一个悬念,在第四句时,成人在保证宝宝安全的前提下,把腿伸平,让宝宝体验"下跌"的感受。

在玩这样的游戏时,宝宝不只是倾听,通过成人带动的身体动作,他们可以感知、体验节拍的稳定和节奏的变化,还能捕捉其中隐藏的信号,对后面的活动有所期待,在不断得到验证的过程中,体会到游戏的愉悦感和对环境的掌控感。

(三) 歌唱游戏

从催眠曲开始,宝宝经常能听到成人歌唱,这对宝宝来说,也是很好的积累音乐语汇的过程。

1. 配合动作和游戏的歌曲

配合动作和游戏的歌曲,是最适合小宝宝的。因为婴幼儿做动作的能力早于歌唱能力出现,当他们还不能跟着成人歌唱时,就已经可以通过做动作,参与歌唱游戏当中。这些歌曲的游戏性质,深深吸引宝宝,使得他们乐此不疲,一遍遍地重复,让他们不知不觉地学会了歌曲,还意识到歌唱是一个快乐的活动。例如歌曲《头和肩膀》,成人可以边唱边轻点宝宝相应的身体部位。

2. 模拟声音效果的歌曲

宝宝在1岁前一般还不会开口唱歌,但接近1岁时,他们可以发出一些简单的音,因此他们会很喜欢在成人歌唱时,跟着唱出这些音。一些模仿动物叫声、车的声音等类歌曲,也会成为宝宝们喜爱的歌曲。例如《王老先生有块地》歌谣里,"小牛哞哞,小羊咩咩,小狗汪汪",都是宝宝乐于听见、有时还要模仿的声音。

3. 让歌曲有一些变化

成人和宝宝在一起唱歌时,可以即兴做出一些变化。

例如,可以游戏性地变化演唱时的情绪,进行表演。例如《小木匠》这首歌,成人可以说,"小木匠现在很开心",接着用欢快的情绪唱一段;然后说,"小木匠现在不太开心",接着用沉重的情绪唱一段;"小木匠现在着急了,要快点干活",接着快速唱一段;"小木匠现在胳膊酸了,累了,只能慢慢干活",接着慢速唱一段等。一两岁的宝宝,也在慢慢学习识别情绪,对这样的变化会感到非常有趣。

成人也可以即兴修改歌词,例如,把歌中的小动物换成宝宝的名字;把《大拇指在哪里》中的手指,换成爸爸、妈妈和其他家人等。

4. 鼓励宝宝的加入和创造

成人现场歌唱或者播放歌曲录音时,不同年龄段的宝宝会用不同的方式参与其中。例如,七八个月大的宝宝,不一定会把头转向声音源,但是他们有自己的关注方式。例如,他们可能会停下正在进行的动作,专注倾听;也可能在听到歌词中某个词语或者某些段落时,突然发笑。成人可以细心观察宝宝的这些表现,继续为宝宝演唱或播放歌曲。

当宝宝开始尝试跟着成人歌唱,重复其中某个音节时,成人可以用亲切的眼神、快乐和赞许的表情鼓励宝宝参与。

宝宝也会咿咿呀呀地开始自己尝试歌唱。刚开始自己唱歌时,成人可能听不出宝宝唱的是什么。此时一定不要打击或嘲笑宝宝:"你唱的是什么呀?都听不懂。"宝宝对节奏和歌词的掌握,会先于旋律。在宝宝开始歌唱的初期,通过歌词和节奏,成人有时可以猜出宝宝唱的是什么。如果宝宝在一个支持性的环境中长大,他今后可能会更敢于尝试和表现。

有时候,宝宝也可能即兴编歌唱。他们可能替换歌词,甚至自己变动旋律；他们也会用不同的演唱表情表达不同情绪，或者对成人的演唱提出各种建议，如"唱个快乐的小熊""唱个伤心的小熊"等。如果身边的成人经常玩这样的即兴创编游戏，宝宝会得到鼓励，也有更多的资源可供他们模仿和借鉴，使他们更乐于创造。

（四）主动律动

随着宝宝的成长，最初的被动律动慢慢变成主动律动。学龄前的宝宝都很好动，他们是通过身体来学习的，而音乐活动给了他们更多动起来的机会。

1. 随乐而动

从一两岁开始，不少宝宝非常喜欢随乐而动：只要听到音乐，他们就可能扭动身体，兴致勃勃地跳起即兴的舞蹈。他们会跟随音乐节奏舞动身体，尝试用身体表现音乐的速度甚至情绪和旋律的走向。在这一年龄段，由于尚未受到太多外界影响，他们对身体和动作是非常开放的态度，喜欢用身体做各种动作的探索和创造。

为了保护宝宝的创造萌芽，成年人切勿批评宝宝"乱跳""好动"等，也不必每次都大张旗鼓地拍照、录像。让宝宝自由地享受音乐和律动的乐趣，甚至成人也自然地加入其中，形成一个对身体动作的自由探索非常支持的环境。

2. 各种身体游戏

随着宝宝身体的发育、活动能力的增强，成人可以跟宝宝玩的动作游戏越来越多，而宝宝也会越来越多地主动要求、挑选自己喜欢的游戏玩。

例如，传统游戏里的《拉锯扯锯》，宝宝坐在成人腿上，和成人面对面，两人手拉着手，一边说着童谣，一边随着节拍前后晃动着身体。

例如，传统游戏《背背驼驼》里，成人和宝宝背靠背，一边说着"背背驼驼，卖大萝卜"，一边前后摇晃身体。

成人可以通过各种游戏与宝宝保持密切的身体接触。同时，又不会把宝宝禁锢在成人的怀抱里。通过各种游戏，成人和宝宝一起在不同的高度做不同的动作，例如：

- 一边唱《小蜘蛛》的歌，一边手脚着地像蜘蛛一样爬来爬去；
- 成人把手臂向两边伸开当作窗户，唱起《蓝鸟蓝鸟》，宝宝扮作小鸟，随着歌声，忽而伸臂飞行，忽而低头钻过窗口；
- 把经过安全处理的大纸箱（保证没有尖利物品伤害宝宝）剪开"门""窗"，让宝宝有一个躲猫猫的小窝，还可以玩《小兔子乖乖》的歌唱表演。

3. 讲故事变成小动物

学龄前的宝宝都喜欢听故事，如果能够在听故事的同时，让自己的身体也参与其中，宝宝一定会着迷的。成人讲故事时，带着宝宝一起，舒展身体扮作飞鸟，趴在地上变成小狗，拍打双臂好似蝴蝶，或是扭动身体变成蜈蚣……这些都是学龄前儿童乐此不疲的事情。

歌曲和音乐也可以拿来跟宝宝一起玩。鸵鸟在高亢的乐声中昂首阔步，大象在低沉的乐声中步伐凝重，小鹿在轻快的乐声中步履轻盈，都能培养宝宝对音乐的细腻感觉以及身体的表现能力。

如果宝宝经常有机会玩这样的游戏，他们就会有比较好的身体意识，与自己的身体做朋友，更悦纳自己的身体。

（五）打击乐器

宝宝从四五个月开始，对发声物体的兴趣越来越明显，对通过自己的动作让物体发声，也越来越有兴趣。刚开始可能是不小心碰到可以发出声音的物体，例如装有铃铛的球、拨浪鼓等，这些声音让宝宝产生了浓厚兴趣。慢慢地，他们会有意追随发声的物体。在可以抓握后，也喜欢拿棍棒去击打地面、纸盒等，发出各种声响。

1. 这些东西会发声

在新生儿的小床旁边，可以放置声音轻柔的八音盒，温柔的乐声逐渐开始吸引宝宝的注意。在宝宝还不会坐起来的时候，可以在宝宝身体上方悬挂一些能发声的悬吊式玩具，宝宝可能有时无意间由于击打使这些玩具发声，慢慢地宝宝会意识到自己的动作与声音相关。

宝宝能坐起来时，成人可以选择里面装了铃铛的球，在宝宝周围滚动。这些声音会吸引宝宝的注意力，慢慢吸引他们爬过去追逐。

在宝宝身边，可以放置空的纸盒和安全处理过的木棍，成人可以示范通过敲击发出声音。宝宝用木棍敲击纸盒或地面时，不仅发展了手部力量，也是在进行声音的探索。成人应该采取鼓励的态度，把易碎物品收起来，给宝宝一些空盒子和木棍，让宝宝尽兴地敲打。

2. 打击乐伴奏

如果有可能，可以给宝宝买个小鼓。宝宝再大一点，可以增加更多的打击乐器，如打棒、响板、撞钟、沙蛋等。或者，也可以用家里的物品自制乐器。

花盆或小桶可以做成小鼓；

一对擀面杖可以当作打棒；

金属碗和金属勺可以做成撞钟；

矿泉水瓶里放上小石子，可以做成沙蛋；

……

自制乐器时，可以用不同的材质和物品进行尝试，挑选声音质量比较好的材料做乐器。

把打击乐器交给宝宝时，宝宝会感到新奇，会用不同的方式玩，例如，摇一摇，拍一拍，敲一敲，甚至咬一咬。因此在给宝宝选购或制作乐器时，要对儿童的天性有了解和充分预估。在材质和乐器形状等方面，要注意安全、无毒，不会伤害宝宝。只要不会发生危险、伤害自己或他人，也不会对物品造成破坏，就应该鼓励宝宝进行各种探索。

在宝宝熟悉了乐器之后，成人可以和宝宝一起，拿着打击乐器给歌曲或者乐曲伴奏。在这个过程中，宝宝一开始不一定能做到合拍，成人不要急于纠正，这个时期的活动主要以宝宝产生愉快情绪和兴趣为主。随着宝宝的成长，他们逐步注意到自身制造的音乐与外界环境中的音乐相符合，这种认知能力也在逐步增强。

（六）欣赏活动

婴幼儿的音乐欣赏材料既可以包括歌曲，也可以包括比较短小、结构比较工整的器乐曲或片段。近年来，市面上有些专为儿童出版的器乐曲，篇幅比较短小，音乐主题比较鲜明形象，也可以选择。值得注意的是，婴幼儿的音乐素材不必局限在活泼快乐的儿童歌曲类。从婴幼儿的音乐发展角度看，节奏和调性比较多元的音乐素材，更利于婴幼儿音乐听觉的发展。

1. 倾听活动

不少宝宝在很小的时候，就会表现出专注倾听的样子。会说话后，有的宝宝还会说出自己听到了什么，例如，远处的小动物叫、家人在隔壁笑等。在家庭或托幼机构的日常生活中，成人也可以偶尔发起主动倾听的活动，示意宝宝安静下来，大家一起专注倾听环境中的声音，然后用语言分享。例如，自然界的声音——风声、雨声等；周围机器的声音——洗衣机、汽车等；附近其他人活动的声音等。成年人可以表现出兴趣和神秘感，带动宝宝增加听觉体验。但倾听过程不要太长，以免宝宝失去兴趣。

宝宝2岁后，成人也可以播放一些事先录制的自然界的声音或是乐音，请宝宝倾听。可以提前告诉宝宝要听的声音是什么发出的，然后安静倾听。安静倾听的环节可以帮助宝宝认识到，专注倾听是一个自然而有趣的活动。活动时间不要过长，还可以跟其他欣赏活动结合。

2. 欣赏游戏

婴幼儿有好动的特点，因此音乐欣赏活动也主要以游戏形式存在。

在家庭和托幼机构里，可以有专门的时间播放成人为宝宝挑选的音乐，宝宝可以随乐起舞。成人可以带领宝宝，根据对音乐的节奏、旋律走向、情绪等内容的理解，通过身体动作、起伏、表情等表达对音乐的理解。例如，如果是节奏铿锵的进行曲，可以模仿队列行进；如果是婉转缠绵的乐段，动作可以延绵、舒缓；如果是高亢的乐段，向上舒展；低沉的乐段，动作沉重等。

宝宝对音乐也会有自己的理解，成年人注意不要把自己的想法强加于宝宝。当宝宝有较强的语言表达意愿和能力时，可以请他讲讲听到了什么，感觉到了什么。对音乐的理解没有标准答案，不需要统一想法，要鼓励宝宝们有不同的想法。在托幼机构里，老师可以询问："哪位小朋友和这位小朋友想得不一样，可以说说吗？"

3. 音乐绘本

图书市场陆续引进出版了不少音乐绘本。这类图书大多画面精美，配有光盘或互联网资源，配上儿童能够理解的故事和画面，加上经典器乐作品。如果选择购买这类音乐绘本，一边播放音乐，一边和宝宝共同欣赏绘本，生动的画面、语言与音乐结合，视觉和听觉结合，会给宝宝带来多元的艺术体验。还可以给那些自认为缺乏音乐素养的成年人，提供另一种易学的音乐欣赏的手段。

四、如何保护婴幼儿的创造冲动

说到创造力时，可能有人会觉得，不到 3 岁的小宝宝，什么都不会，哪里谈得上创造力呢？

其实不然。从儿童音乐能力的发展，我们就可以看出，儿童天生有探索和创造的热情与能力。如果教育方法不得当，这些天生的热情和能力有可能被忽略甚至抑制。

婴幼儿阶段的音乐活动——体验、感受、模仿、学习与创造是并行而交织在一起的。在婴幼儿的音乐活动中，我们要特别注意下列原则，才能更好地保护和发展婴幼儿的创造冲动。

第一，要注意观察儿童。好的看护人和教师都有一个共同特点，就是具有较好的观察能力。认真观察儿童能够发现儿童的兴趣所在，便于找到互动线索，使儿童兴致勃勃地参与到活动中来。例如本讲开头的那个案例，老师因为观察到小朋友对火车的喜爱，因此用火车鸣笛和小朋友进行节奏创编，使得小朋友兴致勃勃、乐此不疲。认真观察儿童也能够发现儿童与生俱来的创造力，真正尊重儿童的能力与选择。

第二，要鼓励儿童的探索精神，就需要为儿童提供有准备的安全环境。在日常生活中，很多成年人遏制儿童的探索都是出于保护儿童安全的目的。为了减少这些遏制，成年人需要提前做好准备，消除环境中的安全隐患。例如，为婴幼儿的自由律动提供的场地不能有可能导致磕碰的尖利边角；给婴幼儿进行声音探索使用的发声玩具和敲击木棍，需要清洁、去除尖角毛刺，即使婴幼儿用嘴尝一尝，成年人也不需要一边喊着"别放到嘴里"一边抢夺，破坏了宝宝自由探索的乐趣。

第三，成人在与婴幼儿进行音乐活动时，需要多多示范创新，鼓励存异。例如，成人可以变换速度、力度、情绪，示范同一首歌的不同唱法；或者改歌词，鼓励有能力的小朋友参与创编；在征求看法和主意时，问一问，"哪位小朋友有不一样的想法"等。经常被鼓励提出不一样的想法时，儿童独立思考的能力也会得到鼓励和支持。

第四，与婴幼儿进行音乐活动和其他活动时，成人也需要有较高的容错能力。当发现有小朋友出现明显错误时，成人不要急着指出错误之处，可以重复一下正确做法，看宝宝能否领会。如果经常被纠错，敏感的宝宝可能会丧失对活动的兴趣。只要身边经常有正确的示范，宝宝们会慢慢领会而自我纠正的。

现代理念下的婴幼儿音乐活动强调交流、合作与表达，强调共同参与，给每一个宝宝——而不仅是少数表现优异的宝宝——机会，强调团队合作而不是整齐划一。从小在这样的环境中长大的宝宝，将来会更敢于、乐于交流、合作和表达。

最后要强调的是，每一个宝宝的发展步调有其独特性，要避免过度横向比较。只要我们勤于耕耘，静待花开，每个宝宝都能发挥出自己独特的创造潜能。

PART THREE

幼儿园里的测评工具箱：

婴幼儿能力的发展与评估

第10讲　幼儿园里的测评工具箱一：
　　　　0~3岁婴幼儿能力发展与评估 / 179

第11讲　幼儿园里的测评工具箱二：
　　　　3~6岁幼儿能力发展与评估 / 207

第12讲　幼儿园里的测评工具箱三：
　　　　3~6岁幼儿语言能力发展与测评 / 230

第10讲

幼儿园里的测评工具箱一：
0~3岁婴幼儿能力发展与评估

李文玲　黄茗玉[1]

婴幼儿学前教育是一个宽泛的术语，它描述了入学前儿童接受的教育服务，学前教育要确保儿童为入学做好了准备。婴幼儿学前教育要培养其良好的行为和学习习惯，发展其社会情商，提高其核心素养。在幼儿园里，通过有效的教学计划和教学活动实现上述的教育目标，给幼儿提供适合幼儿心理发展的教学项目，如人文教育、科艺教育等；通过精心设计的有趣的游戏活动丰富幼儿的生活经历。

建立一个有目的、有计划、有效的婴幼儿教育计划，离不开一个好的测评体系。一个优质的测评体系的建立能够全面准确地了解婴幼儿能力发展的现状，同时也是对婴幼儿教育项目质量的监控。

培养婴幼儿的核心能力是学前教育的重要教学目标。0~6岁是婴幼儿生理及心理的快速发展期，也是学前教育的关键时期，对0~6岁婴幼儿能力的发展进行有效评估是对其能力发展以及学前教育质量的最好监控。我们在这三讲中分别针对0~3岁婴幼儿、3~6岁幼儿能力发展以及3~6岁幼儿语言能力发展与测评进行系统讲解。

0~3岁婴幼儿生理和心理发展涉及感知觉能力、运动能力、认知与思维能

---

[1] 美国奥本大学教育学博士，现任北京舞蹈学院人文学院讲师。

力、语言能力以及社会情感能力五个维度，本讲说明了如何对这五个维度进行评估；3~6 岁幼儿生理和心理发展涉及行为规范和学习习惯、社会和情感发展、运动技能和健康意识、语言能力发展、认知和思维能力发展及视觉与表演艺术发展六个维度，第 11 讲中介绍了对这六个维度的相应评估；幼儿语言能力的发展是提升幼儿核心能力的基石，我们在最后一讲中专门介绍了幼儿语言能力发展及其测评工具。

值得注意的是，第三部分中提供的工具仅作为一种观察和参考工具。在幼儿园阶段，对幼儿能力发展的全面测评需要对测评人员进行专业的培训，只有专业的测评才能有效地达到对幼儿能力发展以及学前教育质量监控的目的。

一、0~3 岁婴幼儿能做什么

生理心理学家的研究表明，婴幼儿的大脑在发育过程中会对不同的环境刺激有不同的敏感程度。同时，这些环境刺激又反过来促进大脑的发育。人的大脑是唯一在出生后还具有可塑性的器官，尤其在 3 岁前。3 岁前婴幼儿的大脑已经发育到成熟期的 80% 左右。婴幼儿的大脑在这三年里会迅速发育，大脑的神经网络会越来越丰富，如果在这段时间里没有足够的营养和刺激，它的增长速度和质量都会因此减慢和降低。也就是说，婴幼儿处于生理和心理发展的敏感期，他们需要获得相应的刺激促进脑的发育。如果儿童在生理和心理发展敏感期没有得到适度且充分的刺激，他们今后的生活会或多或少地出现问题。例如，婴儿期需要安全感，父母应该陪伴孩子并给予爱。一些生活在孤儿院的婴儿缺少成人的关爱，早期的经历使他们产生不安全感，缺乏对他人的信任，他们往往在社会情感的发展方面出现一些问题。

根据神经心理学的研究，0~3 岁是婴幼儿大脑的快速生长期。他们的大脑就像一块海绵，通过五种感觉（触觉、嗅觉、味觉、视觉和听觉）去吸取和理解周边环境的各种信息。0~1 岁是视觉和听觉发展的敏感期，1~2 岁是语言发展的敏感期，2~3 岁是数字和情感发展的敏感期（见表 10–1）。敏感期之后儿童的能力仍在继续发展，只是在相应的敏感期中，婴幼儿需要相应的丰富刺激，这样才能极大地帮助儿童大脑的发育。例如，0~1岁时，成人给婴儿提供丰富的视觉和听觉刺激，包括颜色丰富的图画、物体，美妙且不同风格的乐曲等；在语言敏感期，成人要给幼儿提供丰富的语言刺激，如与幼儿进行语言交流、讲故事等；在数字和情感发展的敏感期，成人要让儿童了解数的概念，理解不同的情感和情感表达。

表10-1　0~3岁婴幼儿发展的敏感期

年龄	敏感性
0~3岁	**婴幼儿大脑的快速生长期**。婴幼儿通过五种感觉（触觉、嗅觉、味觉、视觉和听觉）吸取和理解周边环境的各种信息。 0~1岁：视觉和听觉快速发展； 1~2岁：其他感知能力快速发展； 2~3岁：情感能力快速发展。
1~3岁	**婴幼儿语言的快速发展期**。这个阶段的语言发展是未来语言能力的基础。 1~2岁：口语发展起步； 2~3岁：口语继续发展，词汇增加，喜欢听故事，开始接触图书。
1~3岁	**婴幼儿运动能力的快速发展期**。大肌肉运动和小肌肉精细动作能力快速发展，动作协调能力逐渐成熟。 1~2岁：抓取小件物品； 2~3岁：精细动作的操作、协调能力；空间关系的感知；数字概念。

1. 婴幼儿感知能力

视觉：宝宝呱呱坠地时，视觉发展水平在各种感觉能力中是最低的。刚出生的头三个月，宝宝即便看较近的物体，眼前也是很模糊的。4个月时，宝宝眼前的世界终于"改天换地"，宝宝的颜色视觉发展到与成人很接近的程度，能够区别红、绿、蓝、黄等颜色，而且有研究显示，宝宝在这几种颜色中明显偏爱蓝色和红色。不过，4~6个月的宝宝还是无法区分同一类型颜色之间的细微差异，比如枚红色和粉红色、浅黄色和深黄色，这些颜色在宝宝眼中没什么不同。宝宝的视觉有一个秘密，如果不是科学实验，我们可能一直会被蒙在鼓里——这个秘密就是宝宝喜欢看物体的轮廓，而且随着一天天长大，他们越来越喜欢复杂的图案。成人可能会问："这是哪门子的爱好？"或许，这就是生命的秘密吧！宝宝喜欢看人的面孔，尤其是人的眼睛。2个月大的孩子就会把更多的视线集中在面孔的细节特征上，尤其关注成人的眼睛。7~9个月宝宝的视野越来越宽广，这个时期可以开始注意培养孩子的观察力，比如，识别物体的颜色、形状、大小等，观察周围的生活用品、自然景物，同时鼓励孩子对类似的物体进行比较和对比（具体游戏案例可见第8讲"小小观察家"）。

听觉：刚出生几个小时，宝宝就有听力了。宝宝对自己妈妈的声音尤为敏感。研究表明，刚出生的宝宝听到妈妈的录音时，吸奶的速度更快、更有力，谁让妈妈比别人更早一步认识宝宝呢！6个月的宝宝已经能够辨别出音乐中不同的旋律、音色和音高，展现出对优美音乐的感知力。7~9个月后，宝宝对声音的辨别能力越来越好，此时可以开始培养孩子辨别声音（旋律、音色、音高等）的能力，可以通过语言交流、音乐、舞蹈、敲击打击乐器等活动提高宝宝的语音识别以及音乐节奏感等（相关音乐游戏活动可见第9讲）。

触觉和嗅觉：宝宝一出生便拥有敏锐的触觉，他们可以靠口腔触觉和手的触觉探索新世界。此时提供给宝宝丰富的触觉刺激，对宝宝的智力与情绪发展都有重要影响。4个月后，宝宝的触觉更灵敏了，对物体的质地、硬度都有了认知，口腔探索活动也越来越频繁——出生6天后的宝宝就能辨识出妈妈的味道。还有实验表明，让宝宝闻一闻香蕉，他们就会露出满意的表情。7~9个月以后，可以通过添加不同的辅食提高宝宝的味觉能力，通过让他们抚摸不同质地的材料提高宝宝的触觉敏锐力。

身体运动能力：孩子运动能力的发展有两个部分：一个叫躯体运动，也叫大肌肉运动，负责控制身体；另一个叫精细运动，或者小肌肉运动或随意运动。新生儿出生后就具备了较强的运动能力，如反射运动、伸胳膊、伸腿等。民间有一种说法："三翻，六坐，七滚，八爬，十二走"，这就代表着宝宝的大运动或者叫粗大动作的发育。在这一阶段，孩子的神经系统正在发育，一些基本的运动机能正在形成。如爬、走、抓、打、推、眨眼、摇头、说话、做出各种表情等。所有这些最基本的能力都将成为孩子今后体能发展的基础。

儿童的精细动作是由肌肉的运动控制的，0~3岁婴幼儿精细动作能力的发展与大脑的生长发育有紧密的联系。婴幼儿的精细动作发展水平是衡量大脑神经系统发育成熟度的重要指标。在时间和空间上，婴幼儿的精细动作发展程度与脑神经的发育进程存在一定程度的重合。因此，开展婴幼儿早期精细动作的训练能有效促进大脑神经结构的发育，促进认知等能力的提高。例如，我们可以制作一个有缝隙的盒子（图10-1），让小宝宝学习插花、插硬币、插扑克牌等活动，训练他们的精细动作。

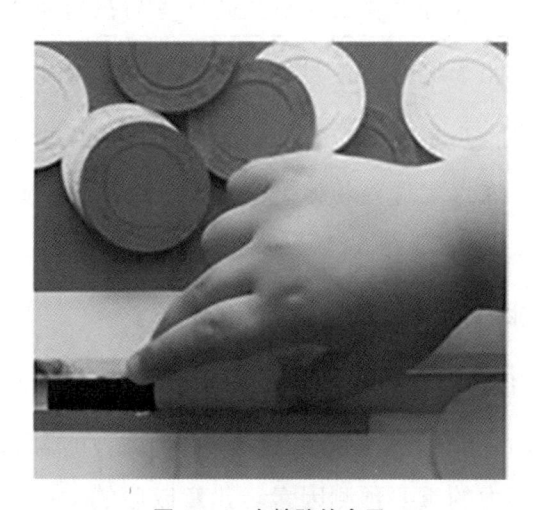

图 10-1 有缝隙的盒子

2. 婴幼儿认知能力

3个月前的宝宝还是以被动注意为主，可以移动的物体以及色彩鲜艳的物体比较容易吸引宝宝的注意。0~3个月，宝宝的注意时间一般为几秒钟，宝宝还没有获得真正意义上的思维，但通过反复尝试，宝宝能初步认识到简单动作和结果之间的关系；4~6个月，宝宝开始偏爱更复杂、更有意义的视觉对象——物体越复杂，宝宝注视的时间越长。宝宝的感知觉能力、记忆力、注意力、想象力以及思维能力都在逐步增强。

宝宝的认知能力体现如下：

（1）空间关系：儿童理解物体如何在空间中移动，或如何适应不同空间的能力；

（2）分类概念：儿童根据不同的属性对物体进行比较、匹配和分类的能力；

（3）数字识别及运算：儿童对少量物体数量的识别及进行加减运算的能力；

（4）度量：儿童对大小、长度、重量和容积（体积）等可度量的属性以及如何度量这些属性的理解能力；

（5）顺序模式：儿童识别、重复、创造不同复杂程度的顺序模式的能力；

（6）图形能力：儿童对形状以及形状的特点的识别能力；

（7）因果关系：儿童观察、预判和推理因果关系的能力；

（8）观察与探索：儿童观察、探索并研究周围环境中（有生命的和无生命的）的物体和事件，在探究这些物体和事件的相关关系的过程中变得越来越富有经验。

3. 婴幼儿语言能力

婴幼儿语言能力包括口语理解能力、口语表达能力以及早期书面语言理解能力。婴幼儿早期语言能力的发展对其今后语言能力的发展有很大影响，是三年级以后阅读理解能力的重要预测因素。儿童以后的学业成就的最佳预测指标也与婴幼儿期间说话的数量以及积极参与交流所花费的时间有关。

正如孩子们需要温暖、食物和保护一样，他们还需要"语言营养"来支持他们的语言发展。语言丰富的互动对婴幼儿的大脑发育至关重要。"语言营养"指可以促进儿童发展过程的丰富的语言互动。父母或监管人与孩子之间的沟通质量和数量从出生开始就直接影响孩子的语言发展。此阶段成人与儿童的互动对婴幼儿的影响是其他任何发展阶段都无法比拟的。

非常不幸的是，数以百万计的儿童在接受语言、学习和阅读方面表现出延迟。这些延迟可能与缺乏交流有关。在敏感期缺少"语言营养"会极大地影响儿童未来的阅读能力。

萨斯金德博士认为，发育中的孩子早期接触的语言数量会对大脑结构和发展产生重要影响，进而影响儿童以后的学习能力和性格塑造。

4. 婴幼儿社会情感发展

婴幼儿来到托幼班会见到更多同龄的小朋友，通过小朋友间的频繁互动、参加多种集体活动，他们不仅可以观察他人的行为，模仿学习，还会有更多的机会去探索，这些活动都有助于婴幼儿大脑深层结构的开发，掌握生活和学习所需的交流技能。

老师与婴幼儿频繁地进行互动也能让婴幼儿感受到爱与安全感，有助于鼓励他们对周围世界的探索。培养婴幼儿的社会情感能力，可以从下面三个方面着手。

（1）**同理心的发展**：同理心就是站在对方的立场去思考，设身处地去感受、去体谅和理解他人。当一婴幼儿哭泣时，周围所有的孩子也会跟着哭泣，婴幼儿天生就能够感受周围他人的情感。除了孩子天生的情感"理解"，如何培养孩子的同理心呢？婴幼儿需要学会接受与赠予，分享快乐，一起参与活动。例如，一个孩子在学习走路，旁边的孩子观察，他们会慢慢体会走路孩子的喜悦和沮丧，同时还会表现出来。再比如，几个孩子都在搭积木，他们可能各玩各的，同时他们也在观察彼此，当一个孩子的积木倒塌时，旁边的孩子会注意那个孩子的表情，有的孩子还会主动帮忙。教师可以参与到小朋友的活动中，提醒、鼓励、表扬小朋友的正确行为都会有助于培养婴幼儿的同理心，使他们感受到集体的温暖，提高社会理解能力。

（2）**情感理解和信任感的建立**：婴幼儿感到安全的时候，才会探索世界。婴幼儿为什么要跟随父母，因为那样会感到安全。依恋是婴幼儿社会性和良好情绪发展的基础，如果婴幼儿在托幼班和老师、小朋友在同一空间相处，会让婴幼儿对老师产生较强的依恋感，扩大他们的安全范围，这有助于他们拥有稳定的情绪和较少的焦虑感，并乐于探究新鲜事物，乐于与其他小朋友多交往，并建立信任感，有助于建立生活中舒适的社会关系，包括与同伴和老师建立良好的社会关系。

（3）**情感互动与交友能力的发展**：在婴幼儿阶段，小朋友非常喜欢与他人交往，他们会观察他人的行为，学习和模仿他人的行为，比如，有些孩子会教其他小朋友如何收拾玩具、如何把盘子清理干净、到哪里找自己想要的玩具、在哪里上厕所等。这些越来越熟悉的环境和朋友，会让孩子在心理上感到安全，更愿意结交朋友，一起制订计划，一起解决问题。

二、如何评价 0~3 岁婴幼儿的能力发展

要想有效做好婴幼儿能力发展的测评，要依据婴幼儿生理、心理发展的特点，为婴幼儿设计相应的测评工具。在婴幼儿发展阶段主要的测评内容是根据四个维度开展的：感知与想象、语言与情感、认知与思维、运动与协调。测评的方式主要是采用观察法，对婴幼儿的行为做记录。

（一）2 个月的宝宝

宝宝玩什么，学什么，说什么，做哪一类运动，表 10-2 会为你提供重要的线索。看看你的宝宝有没有达到 2 个月的要求。

表 10-2　2 个月，大多数宝宝在做什么

感知与想象	• 对眼前运动的物体会做出反应； • 对周围的声音会做出反应； • 识别母乳的气味； • 开始用眼睛追踪事物并有距离感。
语言与情感	▸ 对脸部保持关注； ▸ 开始有笑的表情； ▸ 可以抚慰自己（可能有吃手或吮吸手指的行为）； ▸ 开始对单一的活动表现出厌倦行为。
运动与协调	• 可以尝试抬头； • 四肢运动变得更加流畅。

1. 值得注意的行为

当你发现宝宝在玩耍、学习、交流等方面有如下情况，请尽快行动起来，联系幼儿医生或心理专家，决定下一步的训练目标。

（1）对照时间表，相应行为发展缓慢；

（2）对巨大的声响没有反应；

（3）眼睛不追踪事物；

（4）没有用嘴吮吸手指的习惯；

（5）没有抬头的尝试。

2. 你能为2个月的宝宝做什么

（1）在给宝宝吃饭、穿衣和沐浴的时候，与宝宝拥抱、交谈、玩耍；

（2）帮助你的宝宝学习自我抚慰，允许宝宝进行吮吸手指的活动；

（3）帮助你的宝宝养成习惯，比如保证晚上的睡眠时间长于白天，并且遵守正常的时间表；

（4）当你的宝宝发出声音的时候，给予鼓励和微笑；

（5）注意宝宝哭声的不同，了解宝宝需求的不同；

（6）为宝宝唱歌；

（7）在婴儿床周围装饰有声音、有颜色的物体；

（8）多和宝宝说话、交流；

（9）当宝宝醒来的时候，在宝宝身旁摇晃玩具，吸引宝宝的注意力。

（二）4个月的宝宝

宝宝玩什么，学什么，说什么，做哪一类运动，表10-3会为你提供重要的线索。看看你的宝宝有没有达到4个月的要求。

表10-3　4个月，大多数宝宝在做什么

感知与想象	• 对不同颜色的物体会做出反应； • 聆听不同的声音和音乐，并做出反应； • 可以用眼睛完整追踪玩具，从一边到另一边； • 可以近距离观察别人的脸部； • 在有一定距离的情况下，能够识别熟悉的人或物体。
语言与情感	▶ 开始含糊不清地发音； ▶ 模仿自己听过的一些声音； ▶ 用不同的哭声表达饥饿、疼痛或疲倦； ▶ 让你知道他/她开心或沮丧； ▶ 对喜爱的事物有所回应； ▶ 自发地微笑，特别是对着人微笑； ▶ 喜欢与人玩耍，当玩耍停止的时候会有哭的倾向； ▶ 重复一些动作和表情，比如，笑或者皱眉。
运动与协调	• 可以稳定自己的头部，并不需要外界支撑； • 可以流畅地翻滚； • 可以握住一个玩具并摇晃，对悬挂的玩具做摆动动作； • 可以将手放在嘴里； • 用肚子着地的时候，可以用手肘将上半身直立起来； • 会用一只手捉住玩具； • 可以眼部活动和手部活动相结合，比如看见一个玩具，然后用手抓住。

1. 值得注意的行为

当你发现你的宝宝在玩耍、学习、交流等方面有如下情况，请尽快行动起来，联系幼儿医生或心理专家，决定下一步的训练目标。

（1）对照时间表，行为发展进展缓慢；

（2）眼睛不能跟随手指的运动；

（3）不对人笑；

（4）头部不能进行自我稳定的支撑；

（5）不会自言自语或发出声响；

（6）腿部没有蹬踢的动作。

2. 你能为 4 个月的宝宝做些什么

（1）抱起宝宝并交谈，对宝宝微笑和鼓励；

（2）帮助你的宝宝形成固定的睡觉、进食习惯；

（3）更仔细地了解宝宝的喜好，你能更好地满足宝宝的需要，使宝宝开心；

（4）模仿宝宝的声音；

（5）当宝宝发出声音的时候给予鼓励和微笑；

（6）与宝宝进行阅读或唱歌活动的时候，让宝宝保持安静；

（7）为宝宝选择适龄的玩具和图画册；

（8）跟宝宝玩图片卡；

（9）为宝宝提供安全的环境，让他们来探索；

（10）把玩具放在宝宝旁边，让宝宝能够用手够到玩具或者踢到玩具；

（11）和宝宝玩玩具的时候，试图让宝宝用手拿住玩具；

（12）帮助宝宝挺起头部，并能看到他喜欢的东西；

（13）帮助宝宝做翻滚运动。

（三）6 个月的宝宝

宝宝玩什么，学什么，说什么，做哪一类运动，表 10-4 会为你提供重要的线索。看看你的宝宝有没有达到 6 个月的要求。

表10-4　6个月，大多数宝宝在做什么

感知与想象	• 听力已经比较成熟； • 能辨别出主要的颜色； • 能辨别出不同人的声音； • 喜欢关注亲人； • 喜欢听妈妈对他或她讲话； • 喜欢某个颜色玩具等。
语言与情感	▸ 制造声响作为回应； ▸ 能够含糊地发出元音或辅音，并且能够在父母发出声响的时候控制音调的变化； ▸ 叫宝宝的名字时，他/她能够有所反应； ▸ 开心或不开心的时候会发出声响； ▸ 通过哭泣来传达饥饿、恐惧、不适； ▸ 能对他人的情绪产生回应，并表现出兴奋； ▸ 喜欢从镜子里看自己； ▸ 喜欢和别人玩耍，特别是和父母亲。
认知与思维 （早期）	• 认识熟悉的人的脸，并且能认出陌生人； • 主动观察周围事物； • 对新奇的东西表现出好奇，并且有尝试获得该物体的意向； • 用眼睛追踪物体。
运动与协调	▸ 可以朝任何方向熟练滚动（从前到后，或从后到前）； ▸ 坐着的时候，开始不需要支撑； ▸ 开始爬行； ▸ 伸手可及附近的物体； ▸ 能够将物品在双手间传递。

1. 值得注意的行为

当你发现你的宝宝在玩耍、学习、交流等方面有如下情况，请尽快行动起来，联系幼儿医生或心理专家，决定下一步的训练目标。

（1）对照时间表，行为发展进展缓慢；

（2）事物容易取得的时候，没有尝试获取的倾向；

（3）对看护人没有表现出特别的关注；

（4）对周围发出的声响没有反应；

（5）不能把食物放进嘴里；

（6）发不出元音；

（7）无法向任何方向进行翻滚；

（8）不笑，或者不发出声响；

（9）看上去呆板，肌肉紧张；

（10）像破布娃娃一样看上去松弛且慵懒。

2. 你能为 6 个月的宝宝做些什么

（1）每天都保证和宝宝在地板上或床上玩耍；

（2）了解宝宝的情绪。如果宝宝开心，继续让他/她做开心的事情。如果沮丧，休息一下并抚慰宝宝；

（3）教会宝宝如何抚慰自己，宝宝可以尝试吮吸手指；

（4）尝试有回应的游戏，如果宝宝微笑，你也微笑，如果宝宝发出声响，你模仿宝宝的声响；

（5）给宝宝说出部分音节，如宝宝发出 b 的音，成人对宝宝说"爸爸"；

（6）让宝宝每天都听故事；

（7）每天与宝宝进行阅读活动，为宝宝阅读图画书，边看边说；

（8）和宝宝一起听歌、唱歌；

（9）当宝宝的视线聚焦在某个物体，指向那个物体并谈论那个物体；

（10）当宝宝将玩具掉落在地上，捡起玩具还给宝宝。这个行为会帮助宝宝理解因果关系的概念；

（11）为宝宝指出新奇物体，并为这些物体命名；

(12)向宝宝展示杂志上的鲜艳图片,并为这些图片命名;

(13)帮助宝宝稳稳地坐在枕头上,当宝宝能够保持平衡的时候,尝试让宝宝看看周围的玩具;

(14)将玩具放在离宝宝距离稍远的地方,鼓励宝宝爬过去,拿到玩具。

(四)9个月的宝宝

宝宝玩什么,学什么,说什么,做哪一类运动,表10-5会为你提供重要的线索。看看你的宝宝有没有达到9个月的要求。

表10-5 9个月,大多数宝宝在做什么

感知与想象	▸ 喜欢某种颜色或声音; ▸ 对味道开始有反应; ▸ 开始有触摸感。
语言与情感	▸ 明白"是"或"不"的意思; ▸ 有不同的声音系统,比如可以发出"妈妈"或"爸爸"; ▸ 对他人的语言和动作有模仿倾向; ▸ 喜欢用手指物品; ▸ 对陌生人可能表现出害怕; ▸ 对父母亲表现出依赖; ▸ 有最喜欢的玩具。
认知与思维	▸ 观察物品掉落的路径; ▸ 当你藏起来的时候有寻找你的愿望; ▸ 玩识字卡。
运动与协调	▸ 可以自行调整为坐姿; ▸ 坐姿时不需要支撑; ▸ 可以爬行; ▸ 有站立倾向; ▸ 双手之间进行物品交换非常熟练; ▸ 把东西放嘴里; ▸ 捡物品使用大拇指和食指。

1. 值得注意的行为

当你发现你的宝宝在玩耍、学习、交流等方面有如下情况，请尽快行动起来，联系幼儿医生或心理专家，决定下一步的训练目标。

（1）对照时间表，行为发展进展缓慢；

（2）当外界支撑宝宝的时候，双腿依旧不能承担身体的重量；

（3）不能在外界帮助下坐稳；

（4）不能发出音节，如"妈妈，爸爸，哒哒"；

（5）不能做任何游戏；

（6）对自己的名字没有反应；

（7）不能觉察和区分熟悉的人；

（8）当你指向一个方向的时候，视线没有反应；

（9）无法将玩具从一只手传递到另一只手。

2. 给教师的建议

（1）**观察识别**：给宝宝看两个颜色不同的气球，让宝宝指出相应颜色的气球；

（2）**精细动作**：制作一个有缝隙的盒子，让小朋友将硬币、扑克牌等物品塞入缝隙；

（3）**音乐舞蹈**：大家一起去听音乐，家长握住宝宝的手，在老师的带领下随节奏轻轻摇摆；

（4）**语言认知**：将毛茸茸的小鸭子藏在宝宝背后，问宝宝小鸭子在哪里？让宝宝找一找。

3. 你能为 9 个月的宝宝做些什么

（1）关注宝宝对新环境和陌生人的反应，试图做宝宝喜欢和感到舒适的事；

（2）当宝宝移动的时候，保证待在宝宝的身边并且让他能够发现你；

（3）继续对宝宝进行生活习惯上的培养，在这个阶段非常重要；

（4）玩游戏的时候有来有回，比如"到你了，到我了"；

（5）对宝宝的感受给出结论，比如"你不喜欢吗？那我们换一个游戏吧"；

（6）对宝宝看着的物体给出描述，如"红色的圆形的球"；

（7）鼓励宝宝模仿成人的声音和语言；

（8）动作指令要清晰，比如"站起来""坐下来"等；

（9）用滚球的方式教会孩子传递的关系，也可以使用玩具卡车或者积木；

（10）玩图片游戏和捉迷藏；

（11）和宝宝进行阅读和交流活动；

（12）为宝宝的活动提供较大且安全的活动场所；

（13）在宝宝玩耍的时候在其身边提供可抓握的设置，保证宝宝的安全。

（五）12个月（1岁）的宝宝

宝宝玩什么，学什么，说什么，做哪一类运动，表10-6会为你提供重要的线索。看看你的宝宝有没有达到12个月的要求。

表10-6　12个月，大多数宝宝在做什么

感知与想象	• 对不同的食物的味道有反应； • 有自己喜欢的味道； • 能够感知硬或软、液体或固体。
语言与情感	▸ 对简单的指令能有回应； ▸ 会使用简单的身体语言，如摇头表示"不"，挥手表示"再见"； ▸ 会用语调变化表示不同意思或者不同情绪； ▸ 会说爸爸妈妈； ▸ 有模仿他人语言的倾向； ▸ 可以听从指令，如"拿起这个玩具"； ▸ 对陌生人可能表现出害羞或焦虑； ▸ 父母离开时会哭；

续表

语言与情感	▶ 有最喜欢的物体和人； ▶ 在一些环境下表现出恐惧； ▶ 当想听故事的时候，会主动递给你一本书； ▶ 会主动发出声响吸引别人的注意； ▶ 当他人帮助穿衣的时候会主动用身体配合。
认知与思维	• 观察事物使用不同的方式，比如摇晃、投掷； • 能轻易找到被藏起来的东西； • 有名称提示时，目光会看向正确的物体； • 模仿手势； • 开始正确使用工具，如用杯子喝水、用梳子梳头； • 可以把两件东西组合在一起； • 可以把东西从容器中拿出，或把东西放入容器； • 能理解"别着急""慢慢来"的概念； • 可以专注 2~3 分钟玩喜欢的游戏或者玩具； • 会玩图片游戏。
运动与协调	▶ 不用借助任何帮助就可以坐稳； ▶ 可以自行或扶着家具站立； ▶ 不借助外界帮助可以走一到两步； ▶ 用瓶子喝水； ▶ 手指可以做"拨动"的动作。

1. 值得注意的行为

当你发现你的宝宝在玩耍、学习、交流等方面有如下情况，请尽快行动起来，联系幼儿医生或心理专家，决定下一步的训练目标。

（1）对照时间表，行为发展进展缓慢；

（2）不能爬行；

（3）在外界帮助下不能站立；

（4）不能寻找到被藏起来的物体；

（5）不能发出类似"爸爸""妈妈"的音节；

（6）不能学习类似挥舞等手势；

（7）不能用手指物品；

（8）学会的技能常会被遗忘或倒退。

2. 给教师的建议

（1）**观察识别**：给宝宝看不同颜色的积木，让宝宝说出正确的颜色；

（2）**运动协调**：让宝宝学习踢球、扔球和抓球；

（3）**音乐舞蹈**：大家一起说童谣，家长握住宝宝的手，在老师的带领下，随节奏轻轻摇摆；

（4）**语言认知**：用一个口袋装入不同的玩具，让宝宝摸一摸、猜一猜是什么玩具。

3. 你能为 12 个月的宝宝做些什么

（1）带宝宝去新的地方，认识新的朋友；

（2）同时带着宝宝最喜欢的玩具或毯子帮助抚慰宝宝；

（3）对宝宝不当的行为，坚定说"不"；

（4）对宝宝好的行为给予拥抱、亲吻等鼓励；

（5）鼓励行为要多于惩罚行为，至少 4 次鼓励行为对应 1 次惩罚行为是较好的选择；

（6）对宝宝解释自己正在做什么，类似"妈妈正在用毛巾擦你的小手"；

（7）每天和宝宝进行阅读行为，帮助宝宝翻页；

（8）帮助宝宝完成短句，如果他指着一辆卡车，发出 K 的音，回应"对，一辆大卡车"；

（9）让宝宝自由地画画，向宝宝展示如何画出线条，对宝宝的模仿行为表示鼓励；

（10）和宝宝玩小积木等玩具，鼓励宝宝使用双手；

（11）将宝宝的小玩具等物品藏起来，引导宝宝寻找；

（12）经常带宝宝外出，仔细观察周围的人、动物、植物等；

（13）带宝宝出门的时候，问宝宝在街上看到的物体的名称；

（14）和宝宝一起唱儿歌或歌谣，让宝宝模仿你的动作；

（15）给宝宝提供小乐器，鼓励宝宝熟悉各种音调；

（16）为宝宝的探索提供安全的大环境，尽量避免去厨房、洗衣房、车库等不安全的地方。

（六）18个月的宝宝

宝宝玩什么，学什么，说什么，做哪一类运动，表10-7会为你提供重要的线索。看看你的宝宝有没有达到18个月宝宝的要求。

表10-7　18个月，大多数宝宝在做什么

感知与想象	• 能够感知不同形状的物体； • 有一定的想象力； • 喜欢象征性游戏，如给洋娃娃喂饭。
语言与情感	▸ 可以说出简单的词语； ▸ 可以说出"不"，并摇头； ▸ 可以明确指出他/她需要的东西； ▸ 可以完成一些简单的指令，比如"坐下"； ▸ 在新环境中会缠着熟悉的成人； ▸ 用手明确指出感兴趣的事物； ▸ 有发脾气行为； ▸ 有时惧怕陌生人。

续表

认知与思维	• 知道日常事物的功能，比如电话、刷子、勺子； • 有吸引他人注意力的倾向； • 对娃娃或小动物的行为表现出好奇； • 可以指出人的身体部位； • 可以独立进行涂鸦； • 父母在身边的时候可以独立进行探索活动。
运动与协调	▸ 独立行走； ▸ 有跑的倾向； ▸ 可以自己脱衣服； ▸ 独立用杯子喝水； ▸ 用勺子吃饭； ▸ 喜欢用手抓取物品； ▸ 会捡豆子。

1. 值得注意的行为

当你发现你的宝宝在玩耍、学习、交流等方面有如下情况，请尽快行动起来，联系幼儿医生或心理专家，决定下一步的训练目标。

（1）对照时间表，行为发展进展缓慢；

（2）不能对他人指出或展示事物；

（3）不能行走；

（4）不会模仿他人行为；

（5）不能学习新词汇；

（6）无法说出6个以上词语；

（7）当熟悉的成人离开或返回的时候没有特殊反应；

（8）对已经掌握的技能再遗忘。

2. 给教师的建议

（1）**观察识别**：给宝宝看不同形状的积木，让宝宝给老师正确形状的积木；

（2）**运动协调**：让宝宝将豆子一粒一粒地从一个碗里捡到另一个碗里；

（3）**音乐舞蹈**：大家一起说童谣，家长握住宝宝的手，在老师的带领下，随节奏轻轻摇摆；

（4）**语言认知**：老师示范向其他小朋友打招呼，学习说"你好""再见"。

3. 你能为 18 个月的宝宝做些什么

（1）为宝宝提供安全、充满爱的场所，场所的稳定性和可控性非常重要；

（2）对宝宝的鼓励行为多于惩罚行为；惩罚行为，用简短的词语进行；

（3）对宝宝的情绪进行描述，例如"我们一起读书了，所以宝宝特别开心"；

（4）和宝宝一起玩假扮游戏，如过家家、打电话等；

（5）鼓励宝宝观察其他小朋友的情绪，如看到别的小朋友悲伤时，鼓励宝宝上前拥抱小朋友；

（6）读书的时候谈论和书上图片相关的话题；

（7）和宝宝进行语言交流、对话；

（8）多使用描述情绪和感受的词语；

（9）用简单的词汇提出问题；

（10）藏起宝宝的东西，鼓励宝宝去寻找；

（11）与宝宝一同玩积木、球、拼图、书等；

（12）和宝宝一起看书，对书上的内容进行解释说明；

（13）为宝宝提供安全的游戏区域，可以让宝宝尽情行走和活动；

（14）最好去安全的场所参加踢、抛或滚球类活动，还有推和拉的活动；

（15）鼓励宝宝自己拿杯子喝水，自己用勺子吃饭，别担心宝宝会弄得很脏乱；

（16）吹泡泡，并让宝宝戳破它们；

（17）用盘子端着物品进行走路的游戏，看谁走得远。

（七）2岁的宝宝

宝宝玩什么，学什么，说什么，做哪一类运动，表10-8会为你提供重要的线索。看看你的宝宝有没有达到2岁宝宝的要求。

表10-8　2岁，大多数宝宝在做什么

感知与想象	• 能够感知并区分出不同的主要颜色； • 能够感知并区分出不同的主要形状； • 能够表达自己喜爱的食物味道； • 能够在涂鸦中表达自己的想象。
语言与情感	▸ 知道熟人的名字； ▸ 可以说2~4字之内的短句子； ▸ 可以遵循简单指令； ▸ 对谈话中出现过的词语进行重复； ▸ 开始与小朋友一同玩合作游戏，比如追逐类游戏。
认知与思维	• 在有两至三样东西遮盖时，仍能找到隐藏的物体； • 当说到物品名称时，用手指出图画或物品； • 能对形状和颜色分类； • 能够对熟悉的图书中存在的句子给予补充； • 玩简单的假扮游戏； • 将积木堆叠到4层以上； • 更倾向于使用一只手（右利手或左利手）； • 能完成两个步骤的指令，如"拿起你的鞋子放进鞋柜"； • 用手指出书中的图画； • 可以说出图画中的小动物，如小猫、小鸟、小狗。

续表

运动与协调	▶ 能够脚尖点地； ▶ 能够踢球； ▶ 开始跑步； ▶ 能够爬上爬下； ▶ 能够上下楼梯； ▶ 能够高抬手投球； ▶ 能够画出或模仿画出直线以及圆圈； ▶ 模仿成人的行为； ▶ 与其他儿童玩耍的时候感到兴奋； ▶ 表现出越来越强的独立自主性； ▶ 有挑衅行为出现，比如专门做明确知道不能做的事情。

1. 值得注意的行为

当你发现你的宝宝在玩耍、学习、交流等方面有如下情况，请尽快行动起来，联系幼儿医生或心理专家，决定下一步的训练目标。

（1）对照时间表，行为发展进展缓慢；

（2）不能使用两个动作的词语，如"想喝牛奶"；

（3）对日常事物表现出"不能"或"不会"使用，如刷子、电话、刀叉勺；

（4）不能模仿动作和语言；

（5）不能遵循简单的指令；

（6）走路不稳；

（7）对已经掌握的技能有遗忘行为。

2. 给教师的建议

（1）**观察识别**：给宝宝看不同形状的积木，让宝宝给老师正确形状的积木；

（2）**运动协调**：让宝宝跟着老师的指令用手指指出上中下不同的方位；

（3）**音乐舞蹈**：大家一起边听音乐边跳舞；

（4）**语言认知**：学习不同物体的分类，放入不同的盒子。

3. 你能为2岁的宝宝做些什么

（1）鼓励宝宝自己刷牙、洗脸、穿衣等；

（2）在这个阶段，宝宝依旧倾向于自己玩耍，不和别人分享。鼓励宝宝和其他小朋友一起分享；

（3）对宝宝良好的行为给予鼓励和称赞；对宝宝的挑衅行为不要过多关注，更多关注、鼓励宝宝的进步而非惩罚宝宝的过失；

（4）教会宝宝身体部位的正确名称，动物名称以及日常使用物品的名称；

（5）在宝宝发音错误的时候不要给予纠正，而是使用重复正确的发音方式；

（6）鼓励宝宝正确说出物品名称；如果你的宝宝不能说出词汇的全部，提示第一个辅音，帮助宝宝达到说出短句的目的；

（7）在房间各处藏起宝宝的玩具，鼓励其寻找；

（8）帮助宝宝拼图，分类颜色或动物卡片，宝宝完成每一拼图时说出完成图画的名称；

（9）鼓励宝宝玩积木，重复搭建和推倒的行为过程；

（10）用蜡笔、颜料和纸和宝宝一起进行艺术创作，描绘作品并将其挂在墙上或冰箱上；

（11）让宝宝帮助你开门或抽屉，或者给书和杂志翻页；

（12）当宝宝已经能够熟练走路，鼓励宝宝帮你拿一些小型的物品；

（13）和宝宝一起踢球，当宝宝学会踢球，再进一步鼓励他边跑边踢；

（14）带宝宝去公园跑步和攀爬，让宝宝亲近大自然，随时注意保护；

（15）和宝宝一起玩"夹夹乐"游戏。让幼儿尝试夹、放小球，训练幼儿拇指、食指的小肌肉群的发展；同时这个游戏也训练幼儿的三指捏动作，增强手指肌肉的力量，熟练之后，还可以让他们左右手交替练习。

（八）3岁的宝宝

宝宝玩什么，学什么，说什么，做哪一类运动，表10-9会为你提供重要的线索。看看你的宝宝有没有达到3岁宝宝的要求。

表10-9　3岁，大多数宝宝在做什么

感知与想象	• 认识和区分主要的颜色、形状以及声音的高低； • 能够认识常见物体； • 有自己喜欢的事情，如某类故事、游戏等； • 能够感知不同的食物味道； • 感知不同材料的材质； • 在艺术类游戏中能够展现想象力，模仿成人和朋友； • 可以和人、娃娃以及动物玩假扮游戏。
语言与情感	▸ 用简单的语言表达喜怒哀乐； ▸ 会有积极的或消极的情绪体验； ▸ 在听故事时能够与成人有交流； ▸ 有一定的语言理解能力； ▸ 口语的词汇量会快速提高； ▸ 喜欢与朋友一起游戏； ▸ 能够说出自己的名字、年龄和性别； ▸ 能够说出朋友的名字； ▸ 能表达"我""我们"和其他一些复数概念，如"一群小狗"； ▸ 大多数情况下对陌生人有交流行为； ▸ 可以组织包含两到三个句子的对话； ▸ 表现出对朋友的渴望； ▸ 能够轮流做游戏； ▸ 注意和关心正在哭泣的朋友； ▸ 明白"我的""他的""你的"的概念； ▸ 表现出不依赖父母； ▸ 当生活中出现改变的时候，表现出沮丧。

续表

认知与思维	• 喜欢发现和探索； • 能够做些简单的比较、排序或分类等任务； • 能够记住日常发生过的事情； • 提出很多问题，开始有一定分析和推理问题的能力； • 能够独立完成一些复杂的拼接、搭建等活动； • 会使用或利用工具解决简单的问题； • 可以玩带有按钮、杠杆和移动模块的玩具； • 能够知道大多数生活常用物品的名称； • 理解"上、下、左、右"的概念； • 可以完成六块或十块的拼图。
运动与协调	▸ 熟练掌握攀爬动作； ▸ 熟练掌握跑步动作； ▸ 能够骑三轮车； ▸ 熟练自行上下楼梯； ▸ 能够灵活地使用手、手指完成简单的手工； ▸ 能够随节奏打节拍或唱歌、舞动； ▸ 自己穿脱衣服； ▸ 可以模仿画出圆圈； ▸ 可以完成拧的动作或转动门把手。

1. 值得注意的行为

当你发现你的宝宝在玩耍、学习、交流、表现等方面有如下情况，请尽快行动起来，联系幼儿医生或心理专家，决定下一步的训练目标。

（1）对照时间表，行为发展进展缓慢；

（2）容易在上下楼梯时摔倒；

（3）流口水或经常有含糊不清的表达；

（4）不会玩一些简单的玩具，如拼图等；

（5）不能说出完整的句子；

（6）不能理解简单的指令；

（7）不能理解假扮游戏；

（8）不愿意和其他小朋友一起玩；

（9）不做眼神接触；

（10）对已经掌握的技能常会遗忘。

2. 给教师的建议

（1）**观察识别**：观察不同树叶的区别；

（2）**运动协调**：让宝宝跟着老师的指令用手指指出自己的五官；

（3）**音乐舞蹈**：学习击鼓，按照节拍击打乐器；

（4）**语言认知**：说一说书和笔的区别。

3. 你能为3岁的宝宝做些什么

（1）鼓励宝宝和其他小朋友一起玩；

（2）当宝宝情绪低落的时候和宝宝一起解决问题；

（3）和宝宝谈论情绪，比如说"你是不高兴了吗"，鼓励宝宝表达自己的情绪；

（4）和宝宝说明一些纪律或规则；如果违反了，给他时间反省；遵守规则，给予奖励和夸赞；

（5）给宝宝包含两到三个步骤的指令，比如"回你的卧室，拿来你的鞋和外套"；

（6）每天和宝宝一起进行阅读活动，鼓励宝宝跟着你读出书上的词汇和图画；

（7）给宝宝一个"文具盒"，里面包含蜡笔、绘本和纸，和宝宝一起画出各种图案线条；

（8）和宝宝玩匹配类的游戏，问问宝宝在房间中能否找到书中提到过的物品；

（9）和宝宝玩数字类的游戏，可以尝试数数身体部位、楼梯和其他日常物品；

（10）随着宝宝语言能力的发展，让宝宝认识数字、颜色、形状等，并让他们逐渐了解具体物体的名称、大小概念等；

（11）握着宝宝的手上下楼梯，当宝宝熟练掌握之后，鼓励宝宝借助扶手自行上下楼梯；

（12）和宝宝进行户外活动，去公园徒步或登山，允许宝宝自由地玩耍；

（13）和宝宝玩撕纸游戏，用双手的拇指和食指合作撕纸，提高手指的灵活性，还可以让幼儿在撕纸时边撕边说："撕呀撕，报纸变成'面条'了。"增加幼儿"撕"的乐趣；

（14）通过有趣的游戏，用互动的方式模拟生活场景，让宝宝学习上厕所、穿衣、刷牙等，养成有礼貌、整洁等好习惯；

（15）培养宝宝的注意力、观察力和想象力，如视觉发现游戏——找不同、走迷宫、涂色、绘画等游戏，还有比较、分类、排序等逻辑思维能力的训练。

0~3岁是婴幼儿大脑的快速发展期，婴幼儿的感知、运动、语言、情感和认知发展都处于发展的敏感期，0~3岁的婴幼儿大部分时间与父母生活在一起，有部分婴幼儿会去早教机构接受托育教育。因此教师和家长在第一时间通过测评和评估及时了解婴幼儿各方面的发展至关重要，一旦发现婴幼儿有滞后发展或者某个方面有落后的倾向，要尽早寻求专业人士的帮助。

第 11 讲

幼儿园里的测评工具箱二：3~6 岁幼儿能力发展与评估

一、3~6 岁幼儿能力发展特点及评价

对幼儿能力的评估可以有多种方式。为了更客观地评价幼儿能力的发展，最佳的方式是综合多种测评方式。3~6 岁幼儿能力的发展主要包括六个方面：行为规范和学习习惯发展、社会和情感能力发展、运动技能和健康意识发展、语言能力发展、认知和思维能力发展、视觉和表演艺术能力发展。

（一）行为规范和学习习惯

1. 3~6 岁幼儿行为规范和学习习惯的发展特点（见表 11-1、表 11-2）
2. 幼儿行为规范和学习习惯发展的评估（见表 11-3）

表 11-1　3~5 岁幼儿行为规范与学习习惯发展特点

项目	可以达成的行为
行为规范	在成人的指导或示范下，儿童能够独立完成一些日常个人清洁、饮食或穿衣的活动。例如： ✓ 上厕所，但可能大人要帮助擦屁股； ✓ 在大人的指导下，拿纸巾自己擦鼻子，然后扔掉纸巾并洗手； ✓ 自己可以吃摆放好的饭菜或喝水； ✓ 大人把外套打开后，儿童自己穿上外套。

续表

项目		可以达成的行为
自我管理	注意力	在简短的活动中能够保持专注，或在成人的帮助下保持注意力。例如： ✓ 听故事能安静地从头听到尾，还愿意重复听； ✓ 与他人一起游戏时，当他人短暂离开时仍然继续玩耍； ✓ 儿童玩自己的游戏，不管周边发生的事。
	参与和坚持	在成人的帮助下，继续做自己选择的活动，虽然有时兴趣点会短暂地转移到其他活动上。例如： ✓ 与成人一起穿珠子、制作项链，看了看在桌子旁搭积木的小朋友，继续穿珠子； ✓ 不再想搭积木了，但是当成人提供了更多积木时，又重新回来搭积木； ✓ 堆沙堆的时候，停下来观察从身边跑过去的小朋友，当成人提供一个挖沙工具时，又开始继续堆沙堆。
	好奇心与学习主动性	探索熟悉事物的新用途，包括简单的试错。例如： ✓ 观察小鱼在鱼缸里的游动，为了能够持续看到小鱼，围绕鱼缸走来走去； ✓ 在迷宫游戏中尝试不同的路径； ✓ 走路时看到或听到街道对面的清洁车时，问："那是在干什么？"
	情绪调节和自我控制力	寻找一位熟悉的成人或一件特殊物品，调整自己的情绪。例如： ✓ 睡午觉的时候小声哼哼或自言自语； ✓ 父母离开后，伤心时，马上找到替代活动； ✓ 不高兴的时候，会找一个舒适的地方独自做自己的事情。
	空间与物品分享	注意到其他小朋友可能想要使用某些物品，从而采取措施将这些物品控制起来。例如： ✓ 拿走附近所有的蜡笔，即使只用到其中一两种颜色； ✓ 当其他小朋友伸手拿一个玩具时，说："那是我的。" ✓ 当其他小朋友玩布娃娃时，将自己喜欢的布娃娃放在身后。

表 11-2　5~6 岁幼儿行为规范与学习习惯发展特点

项目		可以达成的行为
行为规范		儿童能够独立完成日常个人卫生、饮食或穿衣的活动，偶尔需要提醒。例如： ✓ 独立上厕所，完成所有步骤，包括洗手； ✓ 大多数时候，若咳嗽或打喷嚏，会用手臂遮挡； ✓ 自己穿鞋并扣紧鞋扣； ✓ 自己拉上裤子的拉链、按上按扣。
自我管理	注意力	能够在相对较长时间的活动中保持注意力，并完成某一个活动。例如： ✓ 能够独自完成要做的事，如用黏土制作蛋糕，然后将"蛋糕"分给同伴； ✓ 用拼插积木搭建多个高塔； ✓ 在图书角独自阅览图书。
	参与和坚持	重新回到某项活动中，包括具有挑战性的活动，多天、多次重复，锻炼某项技能或成功完成该活动。例如： ✓ 连续多天坚持练习跳绳； ✓ 持续完成陶瓷制作活动，包括黏土塑形、晾干、涂颜色以及进一步晾干等步骤； ✓ 练习写自己的名字，需要写名字时，反复练习。
	好奇心与学习主动性	使用熟悉的策略、工具或信息源进行简单的研究。例如： ✓ 用磁铁吸桌子上的物品，看哪些物品可以被吸起来； ✓ 用放大镜近距离观察一只毛毛虫，并描述毛毛虫的颜色、花纹和脚的数量； ✓ 将不同的东西放入水中，观察哪些能浮起来，哪些会沉入水中； ✓ 研究新养的宠物的生活习惯。
	情绪调节和自我控制力	能够提前准备，通过提问、拿一件特殊物品或者其他方式做好准备。例如： ✓ 有时候会主动询问接下来要做什么，为新活动做好准备； ✓ 知道父母要离开，拖着父母不让离开； ✓ 不想去某个地方，找借口做其他事。

续表

项目		可以达成的行为
自我管理	空间与物品分享	即使没有明确的分享期望也能够与其他人分享空间或物品。例如： ✓ 准备听故事的时候，不需要别人要求，会考虑其他小朋友有没有座位； ✓ 喜欢和小朋友一起搭积木，并给小朋友腾出地方； ✓ 乐于合作完成一项任务，如让其他小朋友加入，一起制作项链。

表 11-3　幼儿行为规范和学习习惯发展评估 [1]

		水平		
评估内容		优秀	良好	需再努力
行为规范	儿童能够独立完成一些日常个人卫生、饮食或穿衣的活动，如上厕所、穿衣、吃饭	3-☐	2-☐	1-☐
	儿童能够按时完成每天的活动，如睡觉、起床、吃饭、游戏等	3-☐	2-☐	1-☐
	儿童能有良好的卫生习惯，如饭后漱口或刷牙，饭前、便后洗手	3-☐	2-☐	1-☐
	能将用过的工具、玩具、图书放回原处	3-☐	2-☐	1-☐
自我管理	注意力	3-☐	2-☐	1-☐
	参与和持久力	3-☐	2-☐	1-☐
	好奇心和学习主动性	3-☐	2-☐	1-☐
	自我情绪调节、自我控制力	3-☐	2-☐	1-☐
	与其他小朋友（空间和物品）的分享	3-☐	2-☐	1-☐

---

[1] 教师对每个幼儿的评估可以分为三个水平：3-优秀（完全符合）；2-良好（基本符合）；1-需再努力（不符合）。每个学年评估两次。

(二) 社会和情感能力发展

社会和情感能力发展评估侧重对儿童与他人理解和互动过程中儿童发展能力的评估，重视培养儿童与成年人及其同伴建立积极的关系。它包括情感理解——如与他人相关的自我认同、社交、和熟悉的成年人的情感理解、获得信任感；情感互动——如与他人的关系和互动、与同伴的关系和互动；共情能力——如与他人一起参与具有象征性和社会化的游戏；社会交往——如让孩子了解社交并对社交产生期待，了解如何融入一个群体，了解人与环境之间的关系，社会交往涉及与他人关系中的自我认知、社交与情绪理解、与他人的社交互动等。幼儿园为儿童社会情感发展提供了极佳的场所和机会。儿童要学习如何与其他小朋友相处、如何分享玩具等，在幼儿园中也有很多需要小朋友合作完成的活动，如一起编写故事、一起做手工、一起表演戏剧等。

社会和情感能力发展评估是对儿童自我意识、社会常识、社会交往以及情绪情感能力的评估。儿童逐渐意识到自己与他人不同，理解他人的行为和感觉，并且与他人相互联系，逐渐建立信任感。

1. 幼儿社会和情感能力发展特点（见表11-4、表11-5）
2. 幼儿社会和情感能力发展评估（见表11-6）

表 11-4　3~5 岁幼儿社会和情感能力发展特点

项目	可以达成的行为
自我意识	对自己有一定的了解。例如： ✓ 知道自己的姓名和年龄； ✓ 自己可以独立画画、看书等； ✓ 遇到困难时，知道找谁寻求帮助。
社会意识	了解周围人员、活动，并愿意参与其中。例如： ✓ 了解家庭成员和周围人的职业（如教师、医生、消防员）； ✓ 知道一些主要的节日，并愿意参加节日活动； ✓ 愿意参加幼儿园组织的活动。

续表

项目	可以达成的行为
社会交往	在各种情况下（如分享自己的想法、解决简单的问题等）与朋友进行较长时间的互动。例如： ✓ 喜欢假扮游戏，轮流扮演并对话； ✓ 与同伴交替放拼块，一起完成一个简单的拼图； ✓ 与同伴或熟悉的成人分享户外活动时收集的石块； ✓ 与熟悉的成人一起玩手机上的电子游戏。
情感发展	与同伴一起玩角色扮演游戏。例如： ✓ 和同伴坐在一个盒子里，假装握着方向盘，说："我们开车了。" ✓ 在戏剧表演区，假装为围绕桌子坐的好朋友们倒茶； ✓ 在操场上，假装戴着消防帽用胶皮管与其他小朋友一起灭火。

表 11-5　5~6 岁幼儿社会和情感能力发展特点

项目	可以达成的行为
自我意识	对自己有更多的了解，并对自己与他人的关系有一定的了解。例如： ✓ 了解自己的身高、体重等，能说出家庭成员的一些特征； ✓ 开始关注他人在做什么，能够将他人的结果和自己的结果做个比较； ✓ 遇到困难时，会主动想办法。
社会意识	对社会职业、文化、人际关系有了更多的了解，拥有积极的价值观，乐于帮助他人。例如： ✓ 了解个人与周围人员的关系； ✓ 更多地了解社区活动的目的； ✓ 乐于帮助他人，体现自己的价值。
社会交往	在较长的一段时间内，与同伴或熟悉的成人合作计划和解决问题。例如： ✓ 用多天时间与成人一起完成一个拼图； ✓ 与熟悉的成人一起玩盖房子游戏时，准备好可能用到的物品，如胶水、纸和剪刀等； ✓ 用两天的时间和同伴一起完成某个任务，涉及设计、制作和调整等步骤； ✓ 与几个同伴计划"建造一艘小船"，选择材料并商量任务。

续表

项目	可以达成的行为
情感发展	与多人一起玩角色扮演游戏。围绕某个共同的想法组织并商量角色或规则。例如： ✓ 与同伴表演校车游戏时，小朋友们分别扮演司机、学生、妈妈等； ✓ 与同伴制订计划，假扮出门旅行的一家人，把椅子当作汽车座椅，商量各自的角色，并决定他们将要去哪里； ✓ 与其他小朋友分配角色，并表演教室里的日常安排（如吃早饭、上课等）。

表 11-6　幼儿社会和情感能力发展评估 ❶

		水平		
	评估内容	优秀	良好	需再努力
自我意识	了解自己和家人（姓名、性别、年龄、身高、体重）	3- ☐	2- ☐	1- ☐
	在成人的鼓励下，能独立做一些力所能及的事	3- ☐	2- ☐	1- ☐
	遇到困难时知道寻求帮助	3- ☐	2- ☐	1- ☐
社会意识	了解家庭成员和周围人的职业（如教师、医生、消防员）	3- ☐	2- ☐	1- ☐
	知道一些主要的节日，并愿意参加节日活动	3- ☐	2- ☐	1- ☐
	愿意参加集体活动	3- ☐	2- ☐	1- ☐
社会交往	对长辈有礼貌，并能初步运用常用的礼貌用语（××好、再见、谢谢、不客气等）	3- ☐	2- ☐	1- ☐
	愿意与同伴交往，能友好相处	3- ☐	2- ☐	1- ☐
	与其他小朋友发生冲突时，能够听从成人的劝解	3- ☐	2- ☐	1- ☐
	遵守日常生活中的基本规则（如区角规则、游戏规则）	3- ☐	2- ☐	1- ☐

---

❶ 教师对每个幼儿的评估可以分为三个水平：3- 优秀（完全符合）；2- 良好（基本符合）；1- 需再努力（不符合）。每个学年评估两次。

续表

评估内容		水平		
		优秀	良好	需再努力
情感发展	情绪稳定，愿意上幼儿园	3-□	2-□	1-□
	愿意与同伴或成人进行沟通合作	3-□	2-□	1-□
	愿意与同伴玩角色扮演的游戏	3-□	2-□	1-□

（三）运动技能和健康意识

运动技能与健康意识评估包括安全保健、运动兴趣以及运动技能三个方面。随着孩子的成长，他们越来越敏捷——跑步、跳跃、攀爬、平衡和协调等更复杂的运动技能开始出现。幼儿开始有了控制记忆、计时和排序的执行能力，这些能力对于发展更复杂的身体活动至关重要，例如骑自行车、投掷和接球。重复训练有助于运动技能的发展——通过使用大肌肉和小肌肉运动，可以加强神经连接——当幼儿重复练习某个动作，如倒走、跳绳和跳跃等活动时，我们就会看到幼儿运动技能的进步。在这个年龄段，精细运动技能也变得更加重要，幼儿学会用双手完成某些活动，如书写、绘画、搭建和制作等。

1. 幼儿运动技能与健康意识发展特点（见表11-7、表11-8）
2. 幼儿运动技能与健康意识发展的评估（见表11-9）

表11-7　3~5岁幼儿运动技能与健康意识发展特点

项目	可以达成的行为
安全保健	在熟悉的环境中独立遵守基本的安全行为规范，偶尔需要成人提醒。例如： ✓ 玩烹饪游戏时，把洒出来的东西打扫干净； ✓ 在大人的提示下，排队玩滑梯； ✓ 骑小车时，看到同伴靠近，会放慢骑车速度； ✓ 从果盘中选择水果时，例如说："我喜欢苹果和西瓜。" ✓ 能识别多种常见的水果和蔬菜。
运动兴趣	✓ 幼儿注意并关注其他小朋友的活动，有时会尝试模仿； ✓ 喜欢参与某项运动。

续表

项目	可以达成的行为
运动技能	直立时动作协调，可短暂地使整个身体离开地面。使用一个或多个身体部位操作物体，动作稳但不太协调；用一只手操作物体，同时用另一只手或身体其他部位使物体保持稳定。例如： ✓ 用较小的不均匀的步伐跑； ✓ 双脚跳起； ✓ 单手投球，有时球会掉落； ✓ 做游戏时为同伴们发坐垫，有时会掉落在地上； ✓ 踢静止的球； ✓ 一只手拿着橡皮泥，另一只手用木刀切橡皮泥； ✓ 把装玩具车的盒子放在膝盖上并保持稳定，从中挑出小轿车； ✓ 用一只手向小桶中铲沙子，另一只手扶着小桶。

表 11-8　5~6 岁幼儿运动技能与健康意识发展特点

项目	可以达成的行为
安全保健	向他人表述自己对一些安全行为的理解。例如： ✓ 告诉他人："过马路的时候我会等绿灯，并且拉着妈妈的手。" ✓ 看到同伴要从洒了水的地板上走过时，伸出手臂拦住同伴； ✓ 对同伴说："慢一点！在屋里不能跑！" ✓ 告诉同伴："牛奶对我的牙齿有好处。"或者"菠菜对你有好处。" ✓ 在"过家家"游戏中给一位"生病"的同伴带来"汤"，使同伴感觉好一点； ✓ 告诉他人："我妈妈说，如果我多吃豆子和肉，会长得很高很强壮。"
运动兴趣	✓ 幼儿对某些运动项目表现出兴趣，并积极参与； ✓ 反复练习某个喜欢的运动项目。
运动技能	协调使用身体各部分，如手臂、腿，成功地将两个或更多的动作有效协调起来。例如： ✓ 大步跑，动作协调； ✓ 屈膝双腿前跳； ✓ 单脚跳，张开手臂保持平衡； ✓ 用手接住扔来的小沙包； ✓ 将球扔给同伴；

续表

项目	可以达成的行为
运动技能	✓ 跑向静止的球,用力踢球; ✓ 将各种带小孔的小珠子串在一起做成项链; ✓ 用鼠标或电容笔在计算机屏幕上画出带细节的图画; ✓ 用铅笔时,将铅笔在手中转过来使用另一端的橡皮; ✓ 在手工活动中,用剪刀剪比较难剪的材料,如布、卡片纸等; ✓ 双脚跳起; ✓ 单手投球,有时球会掉落; ✓ 做游戏时,为同伴们发坐垫,有时会掉落在地上; ✓ 一只手拿着橡皮泥,另一只手用木刀切橡皮泥; ✓ 把装玩具车的盒子放在膝盖上并保持稳定,从中挑出小轿车; ✓ 用一只手向小桶中铲沙子,另一只手扶着小桶。

表 11-9 幼儿运动技能与健康意识发展评估 ❶

项目	评估内容	水平		
		优秀	良好	需再努力
安全保健	听老师的话,不做危险的事情	3- ☐	2- ☐	1- ☐
	能及时将自己身体的不适告诉成人,并愿意配合医生治疗	3- ☐	2- ☐	1- ☐
	认识五官,知道它们的主要功能及保护方法	3- ☐	2- ☐	1- ☐
	知道不挑食、多吃菜有益健康,喝饮料和吃零食有害健康	3- ☐	2- ☐	1- ☐
运动兴趣	愿意参加体育活动	3- ☐	2- ☐	1- ☐
运动技能	身高	3- ☐	2- ☐	1- ☐
	体重	3- ☐	2- ☐	1- ☐
	10 米折返跑	3- ☐	2- ☐	1- ☐
	立定跳远	3- ☐	2- ☐	1- ☐
	沙包掷远	3- ☐	2- ☐	1- ☐
	双脚连续跳	3- ☐	2- ☐	1- ☐

❶ 教师对每个幼儿的评估可以分为三个水平:3- 优秀(完全符合);2- 良好(基本符合);1- 需再努力(不符合)。每个学年评估两次。

续表

评估内容		水平		
		优秀	良好	需再努力
运动技能	坐位体前驱	3-☐	2-☐	1-☐
	走平衡木	3-☐	2-☐	1-☐
	双手向上抛球	3-☐	2-☐	1-☐
	双手抓杆悬空	3-☐	2-☐	1-☐
	单脚连续前跳	3-☐	2-☐	1-☐
	两只手协调合作	3-☐	2-☐	1-☐
	双手操作控制能力	3-☐	2-☐	1-☐

（四）语言能力发展

早期语言能力对孩子今后语言能力发展有重要的影响。幼儿语言能力包括语言理解——儿童对语言的接受和理解能力，主要关注儿童对口语的理解能力；语言表达——儿童的交流从非言语交流向言语交流发展，使用的复杂词语和句子越来越多，语言口语表达的能力也越来越强，逐渐发展出更长时间的沟通与对话能力；早期阅读——儿童对阅读的兴趣、识别字词以及理解书面语言的能力；书写能力——在前书写阶段儿童采用乱涂、做记号、画图等形式表达某种含义，逐渐过渡到使用文字的形式表达意义。

1. 幼儿语言能力发展特点（见表 11-10、表 11-11）
2. 幼儿语言能力发展的评估（见表 11-12）

表 11-10　3~5 岁幼儿语言能力发展特点

项目	可以达成的行为
语言理解	理解大量词语或句子，理解对话、故事或学习活动中的一些复杂词语、短语或句子。例如： ✓ 同伴说："让我们搭建最高的摩天大楼吧"，儿童在积木塔上增加积木块； ✓ 当成人让儿童打开门，儿童会一直开着门，直到小朋友都进来为止； ✓ 分享一本关于动物的书籍时，小朋友可以理解并用手指向故事中对应的图画。

续表

项目	可以达成的行为
语言表达	使用名字、动词以及其他词汇（如形容词和刚刚学到的词语）或短句进行沟通。例如： ✓ 当小猫咪蜷缩在成人腿上的时候，说："小猫咪被吓到了。" ✓ 会向老师表达："我要一张纸巾，我流鼻涕了。" ✓ 会很快使用刚学到的词汇，听到同伴使用"巨大"一词的时候，说："我们的狗是巨大的。"
早期阅读	对书中或环境中的问题进行评论或提出问题。例如： ✓ 与成人一起看画册或故事书，并指着文字阅读，儿童能理解常用词汇； ✓ 当成人讲到大象的时候，儿童说："大象真的有很大的耳朵吗？" ✓ 读一个故事的时候，问："他们为什么去那里？" ✓ 指着亮着灯的出口标志，问："上面写的是什么？"
书写能力	能用记号代表自己的名字，可以写出自己的名字、能够辨认的几个常用词汇，可以在自己画的画上书写自己的名字。例如： ✓ 向妈妈展示自己制作的作品，并且写上自己的名字。

表 11-11　5~6 岁幼儿语言能力发展特点

项目	可以达成的行为
语言理解	能够理解某些事情发生的状态或原因，并做出解释。例如： ✓ 听成人讲完有关播种的故事书后，向同伴解释如何播种； ✓ 与成人讨论季节变化的原因后，儿童画一张有关四季变化的画； ✓ 听成人讲哪些材料能够漂浮哪些材料不能，之后做小船时选择能在水上漂浮的材料。
语言表达	用字词、短语造句，交流思想或描述人、物品或事情。例如： ✓ 表达说："恐龙不需要自行车，因为它们会飞。它们真的有大大的翅膀。" ✓ 对同伴说："我们快点收拾干净，然后我们就可以出去骑自行车了。" ✓ 通过口头语、手势表达："那条狗吃了猫的食物，它犯错误了。我们把它放在外面，它会非常伤心的。" ✓ 表达说："我的奶奶真的老了。她有白头发和许多皱纹。"

续表

项目	可以达成的行为
早期阅读	理解故事中的人物、物体或事件，进行概括、比较或引用。例如： ✓ 成人读完关于消防员的书，儿童表达："消防员必须穿专业的衣服，这样他们就不会被烧伤了。" ✓ 举起两本关于熊的故事书，说："这两本书是关于熊的，但是《金发姑娘》书中的熊更好看。" ✓ 与同伴一起读熟悉的故事书时，向同伴讲述故事的内容； ✓ 把家里的书带到幼儿园，为同伴讲故事中发生的事情及原因； ✓ 能识别故事中最常出现的字词和短句。
书写能力	在成人的帮助下能写好一些简单的字、词组或短句。例如： ✓ 制作一本小故事，并且在每页上写一个短句； ✓ 在图画上标出"我爱小动物"。

表 11-12　幼儿语言能力发展评估 ❶

评估内容		水平		
		优秀	良好	需再努力
语言理解	能够听从指令，准确执行	3-☐	2-☐	1-☐
	读书后，可以讲解和说明，或表演出来	3-☐	2-☐	1-☐
语言表达	清楚地表达自己的需要	3-☐	2-☐	1-☐
	清楚地描述看到的事物	3-☐	2-☐	1-☐
早期阅读	在成人的帮助下阅读绘本	3-☐	2-☐	1-☐
	阅读后，可以给他人讲解故事	3-☐	2-☐	1-☐
书写能力	能够写出自己的名字	3-☐	2-☐	1-☐
	能够写出简单的字词或短句	3-☐	2-☐	1-☐

（五）认知和思维能力

认知和思维能力的评估主要评估幼儿的观察力、探索人和事物的能力以及对数学和科学概念的学习能力。儿童通过观察、探究、记录和交流，学习算

---

❶ 教师对每个幼儿的评估可以分为三个水平：3-优秀（完全符合）；2-良好（基本符合）；1-需再努力（不符合）。每个学年评估两次。

术、形状和图形规律等。

（1）颜色和图形能力：儿童对颜色和形状及其特点进行识别的能力；

（2）空间关系：儿童理解物体如何在空间中移动或如何适应不同空间的能力；

（3）分类概念：儿童根据不同的属性，对物体进行比较、匹配和分类的能力；

（4）数字识别及运算：儿童对少量物体数量的识别及进行加减运算的能力；

（5）度量：比较大小、长短、高矮、宽窄、时间概念以及理解这些度量的能力；

（6）顺序模式：儿童识别、重复、创造不同复杂程度的顺序模式的能力；

（7）时间顺序和因果关系：儿童观察、预判和推理因果关系的能力。

1. 幼儿认知和思维能力发展的特点（见表11-13、表11-14）

2. 幼儿认知和思维能力发展的评估（见表11-15）

表11-13　3~5岁幼儿认知和思维能力发展特点

项目	可以达成的行为
颜色和图形	认识或说出周围环境中的几种颜色和形状。例如： ✓ 当要求找圆形时，指向房间内的圆形窗户； ✓ 将一个黄色正方形的拼块放入拼图中后，表达："接下来我要找黄色三角形。" ✓ 吃点心的时候，举起一块饼干，说："我的饼干是圆形的。" ✓ 用手探索每个形状后，说出每个形状的名称，如正方形、圆形、三角形。
空间关系	运动时，会考虑物体的空间关系（如距离、位置、方向）和物理性能（如大小、形状）。例如： ✓ 会选择正确的拼图嵌入拼图板中； ✓ 在堆砌小塔时，会将最大的积木放在底部，较小的积木放在顶部； ✓ 骑小自行车时，在人群和物体之间来回穿梭。

续表

项目	可以达成的行为
物体分类	根据一种特性将物品分为两组，但有时可能不准确。例如： ✓ 把红色的圆球分为一堆，蓝色的圆球分为另一堆，红色球堆中有可能夹杂着几个蓝色的圆球； ✓ 可以将一把豆子按照大小分类摆放； ✓ 可以把蜡笔和水彩笔从抽屉里取出，并放在不同的笔筒里。
数字概念	一个一个地数东西能够数到 5，能够按顺序从 1 背到 10。例如： ✓ 大声地数"1、2、3、4、5"，当桌子上多了一个纸杯时，能够说出接下来的数字； ✓ 可以按顺序从 1 数到 10； ✓ 一边指着红绿灯的三个灯，一边数"1、2、3"。
运算与度量	知道两个物体在大小、长度、重量或体积方面的差异，能够使用词语的比较级（如更大、更小等）或理解词语比较级的意思。例如： ✓ 把两个苹果中的一个给熟悉的大人，然后说："我有一个，你有一个。" ✓ 当大人把坏了的香蕉从三个香蕉中拿走的时候，说："只有两个了。" ✓ 把两支笔放在一起比较，会表达："这一支更长。" ✓ 会选择更大的杯子装水； ✓ 会对另一个小朋友说："我更高。"
顺序模式	尝试创造简单的重复图案（使用两个元素）。例如： ✓ 重复画两个不同的图形，比如圆形和三角形； ✓ 拍手、跺脚，然后重复这两个动作。
时间顺序和因果关系	做出行为时，考虑某种预期结果。例如： ✓ 在他人戳破气球或制造其他很大的噪音之前，用双手捂住耳朵； ✓ 打雷的时候出门，会要求带雨伞； ✓ 看到一个苹果快要从桌子上滚下来的时候，会大声呼喊。

表 11-14　5~6 岁幼儿认知和思维能力发展特点

项目	可以达成的行为
颜色和图形	描述几个形状以及它们之间的差异。例如： ✓ 观察一个三角形和一个圆形时，说："这个有尖尖的部分。这个是曲线。" ✓ 表达说："红色三角形有三条边，正方形有四条边。" ✓ 表达说："长方形的两条边更长一些，但是正方形的所有边都一样。"

续表

项目	可以达成的行为
空间关系	尝试将平面形状组合成现实中的某种物品。例如： 把一个三角形与圆形组合（倒三角形在下面，圆形在上面），想象成冰激凌。
物体分类	根据至少两个属性对物品进行分组，有时根据一个属性进行分组，然后根据第二个属性对前面的分组进行细分。例如： ✓ 把积木分为四组：绿色圆形、绿色方块、黄色圆形、黄色方块； ✓ 取出餐具，并对它们进行分组：大勺子、小勺子、大叉子、小叉子。
数字概念	解决日常涉及数字的一些简单问题；正确背数，能够一直数到100。例如： ✓ 数完6个纸杯，又数完7个小朋友，然后说："我们还需要1个杯子。" ✓ 行走的时候，可以准确地数到100。
运算与度量	使用带有标准单位的测量工具（如直尺、秤）或使用非标准单位（如脚步、积木）探索物体的属性，如大小、长度、重量、体积等。例如： ✓ 会用量杯装水； ✓ 用天平确定两个物体中哪个更重； ✓ 用脚步测量一排瓷砖，然后表达："这排瓷砖有5步长。"
顺序模式	创造、复制或扩展复杂的图案（用三个及以上元素）。例如： ✓ 按照红—黄—蓝顺序，添加圆形图案； ✓ 通过拍手、轻拍、跺脚形成一个节奏顺序； ✓ 按照红色的花、黄色的花、蓝色的花、紫色的花的顺序，制作一个花环。
时间顺序和因果关系	理解作用在物体或材料上的行为不同，或行为程度不同时，会产生不同的结果。例如： ✓ 踢球的时候说："如果我再使点劲，它会滚得很远！" ✓ 当高塔开始晃动的时候，会用一些大块的积木替代小块积木，稳固积木高塔的基础； ✓ 喂小兔子的时候，告诉同伴："我们每天都要喂它们，但是不能喂太多，不然它们会生病。"

表 11-15 幼儿认知和思维能力发展评估 ❶

评估内容		水平		
		优秀	良好	需再努力
科学常识	常见物品的名称	3- □	2- □	1- □
	常见动植物名称和特点	3- □	2- □	1- □
	天气和季节的主要特征	3- □	2- □	1- □
思维能力	颜色和图形	3- □	2- □	1- □
	空间关系	3- □	2- □	1- □
	物体分类	3- □	2- □	1- □
	数字识别及运算	3- □	2- □	1- □
	度量	3- □	2- □	1- □
	顺序模式	3- □	2- □	1- □
	时间顺序和因果关系	3- □	2- □	1- □

（六）视觉和表演艺术

通过参加视觉或其他艺术活动，儿童的艺术技巧和表现自我创造力、复杂性与深度的能力都会逐渐发展。它涉及审美感受、艺术表现、想象与创造。

1. 幼儿视觉与表演艺术能力发展的特点（见表 11-16、表 11-17）

2. 幼儿视觉与表演艺术能力发展的评估（见表 11-18）

表 11-16 3~5 岁幼儿视觉与表演艺术能力发展特点

项目	可以达成的行为
审美感受	他人发起的音乐活动，自己也可以跟着唱或打着节奏参与其中。例如： ✓ 能够注意到某段音乐、舞蹈表演； ✓ 当大人开始唱歌时，小朋友会自己轻声哼唱； ✓ 跟随其他小朋友的鼓声，摇晃自己的铃铛； ✓ 跟随大人的节奏，拍手或跺脚。

---

❶ 教师对每个幼儿的评估可以分为三个水平：3- 优秀（完全符合）；2- 良好（基本符合）；1- 需再努力（不符合）。每个学年评估两次。

项目	可以达成的行为
艺术表现	绘画的内容越来越具体,细节越来越丰富,创造出某些二维或三维的代表物,并且尝试不同的细节或颜色。例如: ✓ 使用笔刷把多条直线和圆圈结合起来,表达一些熟悉的东西(如房子、树、人等); ✓ 将橡皮泥揉成圆球,并把圆球做成假装的食物,如包子、油条等; ✓ 用胶水,将羽毛、松果、树叶等拼贴在纸板上。
想象与创造	用面部表情、声音、手势或身体动作,以简单的方式表演故事中的人物。例如: ✓ 听了《三只小猪》的故事后,假装自己是一只小猪,正在用砖造房子; ✓ 戴上帽子,扮演一名消防员,假装正在用消防水管灭火; ✓ 听了《小红帽与大灰狼》的故事后,假装自己是猎人,开始寻找大灰狼。

表 11-17 5~6 岁幼儿视觉与表演艺术能力发展特点

项目	可以达成的行为
审美感受	跟随基本音乐元素(如加快/减慢、高音/低音、大声/小声等)的变化而改变。例如: ✓ 能集中注意倾听或观看喜欢的音乐或舞蹈表演,能在活动中体验快乐; ✓ 愿意参加美术欣赏活动,对色彩鲜明的事物感兴趣; ✓ 跟着一首儿歌的节奏敲击三脚铁,如短—短—长,短—短—长; ✓ 在大人带领下,用不同的声音(高音、低音、小声、大声等)唱儿歌。
艺术表现	使用不同细节、形状、颜色或结构,创造二维或三维作品,代表行为或物体间的关系。例如: ✓ 画一幅《蓝色大海里的红色小船》; ✓ 画人的身子(圆圈代表脸),手和腿直接从圆圈中伸出来,形成一些熟悉的动作,如伸手或踢球等; ✓ 把两个空心的卫生纸筒用胶带粘在一起,做成"双筒望远镜",并用毛线做挂绳。

续表

项目	可以达成的行为
想象与创造	临时创作一个戏剧表演（如对话、情节或场景）时，不需要成人的鼓励，儿童可以创造并设计人物的细节。例如： ✓ 表演自己创作的一个故事时，小朋友穿着围裙，带着名牌，在一张纸上写字，假装发盘子和食物； ✓ 与同伴一起表演一个有关刮风天气的故事时，鼓起脸颊并旋转手臂来表演刮风，每当故事中讲到刮风的时候就重复上述动作； ✓ 当同伴不停地叫"救命"的时候，小朋友披上一个斗篷，假扮飞行的超人。

表 11-18 幼儿视觉与表演艺术能力发展评估 [1]

评估内容		水平		
		优秀	良好	需再努力
审美感受	集中注意观看表演	3-□	2-□	1-□
	乐于参与表演	3-□	2-□	1-□
艺术表现	注意到绘画细节	3-□	2-□	1-□
	通过不同的艺术形式表达	3-□	2-□	1-□
想象与创造	听了故事后，可以表演出来	3-□	2-□	1-□
	创造性地设计道具、动作等	3-□	2-□	1-□

二、给教师和家长的建议

注意事项：幼儿能力发展测评的主要目的，是了解每个幼儿生理及心理发展的现状，检查当下幼儿教育项目的有效性。由于每个幼儿个体差异很大，他们发展的进程也都不一样，所以尽量不要将某个幼儿和其他幼儿的情况加以比较。

（一）给教师的建议

（1）对有特殊需要的幼儿的识别。如果你发现某个幼儿的发展状况远远落

---

[1] 教师对每个幼儿的评估可以分为三个水平：3-优秀（完全符合）；2-良好（基本符合）；1-需再努力（不符合）。每个学年评估两次。

后于同龄的孩子，那么你需要随时关注该幼儿，及时与该幼儿的家长取得联系，为该幼儿做进一步的检查，并寻找适合该幼儿的教育计划。

（2）对绝大部分幼儿来说，要设计更多丰富的、促进幼儿能力发展的游戏活动，提高幼儿各方面能力的发展。

（3）这个阶段是幼儿行为习惯、学习习惯养成的关键期，既要展示正确的行为或学习习惯，又要随时鼓励幼儿的积极表现。

（4）这个阶段的幼儿对新事物有着极大的好奇心，教师要积极引导，在游戏活动中不断激发幼儿对周围世界的探究欲望。

（5）这个阶段是幼儿语言快速发展的关键期，要不断给幼儿创造语言学习的机会，如对话交流、绘本阅读以及相应的前书写训练。

（二）给家长的建议

除了在幼儿园的时间，幼儿主要还是和家长生活，在这里我们为家长总结了一些家庭教育指导纲要，希望家长尽可能多地与孩子共度美好时光，如一起参加体育活动、一起读书做游戏、一起参加社会活动，多与其他小朋友交流，这些活动都会有益于小朋友核心素养的提高。

3~4岁

运动

- 鼓励参加运动，如跳跃；
- 走楼梯、骑三轮自行车；
- 独立洗手并擦干手、自己吃饭、穿衣；
- 轻松绘制直线和圆形；
- 多和孩子一起玩耍，例如，将球扔进一个筐子里或者滚动球。

语言

- 多与幼儿进行语言交流，增加其词汇量，有完整的语句表达；
- 和幼儿一起唱歌，记住歌词；

- 鼓励孩子讲故事；
- 认真倾听孩子的谈话；
- 正确使用代词，如我、你、他。

认知

- 鼓励幼儿比较物体大小；
- 学习使用时间概念，如昨天、今天、明天；
- 学习使用位置词，如上、下、前、后；
- 鼓励提问，多问为什么，并与孩子讨论；
- 鼓励数数，数数量在 1~5 的实物。

情感

- 鼓励多与其他小朋友一起玩，并分享玩具；
- 学习轮流做某事；
- 让幼儿学会表达自己的感情；
- 与孩子一起听音乐、跳舞。

4~5 岁

运动

- 鼓励参加多种体育活动，如单脚跳跃、投球、独自上下楼；
- 鼓励画出完整的人，或有背景的图画。

语言

- 多与孩子交流，鼓励语言表达；
- 鼓励多提出问题；
- 与孩子一起阅读故事，并让孩子在故事中命名图片或复述故事的一部分。

认知

- 认识时间，了解时间概念；
- 了解更加复杂的图形组合，如绘画、制作手工；
- 用积木搭建更加复杂的空间结构、建筑；
- 让孩子通过玩面团或黏土发挥想象力。

情感

- 了解身体，扮演医生和护士；
- 经常与朋友一起玩游戏，学会分享；
- 多与孩子一起玩耍、玩角色扮演的游戏；
- 鼓励孩子唱歌、说童谣和表演。

5~6岁

运动

- 鼓励参加多种体育活动，如跳绳、倒走、单脚平衡、骑自行车等；
- 可以使用剪刀、粘贴；
- 独立系鞋带。

语言

- 鼓励多重句的语言表达；
- 能够描绘颜色的混合和不同形状的组合；
- 学习使用星期和日期；
- 认识硬币和纸币。

认知

- 描述和正确使用时间；
- 对周围世界感到好奇；
- 鼓励比较不同物体。

情感

- 多与他人一起游戏，合作完成某项活动；
- 多鼓励幼儿的积极活动或态度。

总之，3~6岁是幼儿能力的快速发展期，也是学前教育的关键期。对教师和家长来说，要了解幼儿各方面能力发展的特点，才能更有效地提出教学指导或生活活动的指导。教师根据幼儿的日常表现为幼儿定期地做出能力发展的评估是非常必要的，它有益于及时了解幼儿是否需要特殊的照顾或帮助，也有助于对幼儿教学活动做出调整。总之，在3~6岁这个阶段，幼儿园要尽可能多地安排符合幼儿心理发展的活动和游戏，培养幼儿的阅读兴趣以及对周围世界的探究欲和好奇心；在家里，家长要尽可能多地与孩子一起活动，如一起参加体育活动、一起做游戏、一起做手工、一起读绘本；鼓励幼儿与其他小朋友多玩耍、多沟通、多分享，让幼儿在这个阶段快乐成长，为上小学做好准备。

第 12 讲

幼儿园里的测评工具箱三：
3~6 岁幼儿语言能力发展与测评

一、为什么要重视幼儿语言能力发展

幼儿早期口语能力发展不仅会影响今后书面语言能力发展，还会直接影响儿童核心能力的提高。幼儿语言能力包括对口语和书面语言的理解和表达能力。

- 口语：婴幼儿的交流能力逐渐从非言语交流转向言语交流，从使用简单字词逐渐发展为使用复杂词语和句子，幼儿的口语表达的能力和与他人沟通的能力也越来越强；

- 书面语：从接触书面语言开始，幼儿从识别字词逐渐发展到能够理解短句和复合句；幼儿的书写能力从乱涂、做记号、画图等形式表达某种含义，逐渐过渡到使用文字的形式表达意义。

语言是人们进行交流或互动的符号系统。这些符号不仅包括口语和书面语，还包括手势和肢体语言。描述语言的另一种方式是基于四种基本语言技能：听、说、读、写。在幼儿语言学习中，孩子们要整合所有四种技能的学习，因为每种技能都会强化其他技能。这四种技能的发展有先后顺序（见图 12-1）。

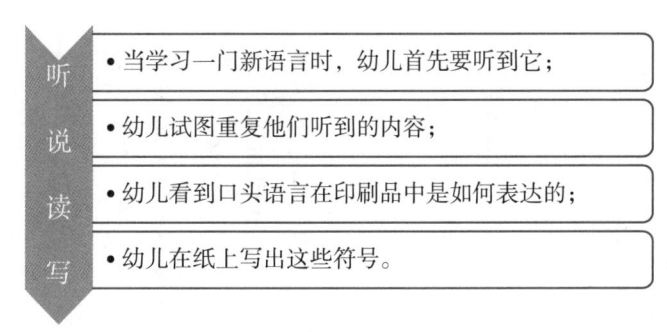

```
听    • 当学习一门新语言时,幼儿首先要听到它;
说    • 幼儿试图重复他们听到的内容;
读    • 幼儿看到口头语言在印刷品中是如何表达的;
写    • 幼儿在纸上写出这些符号。
```

图 12-1　四种基本语言技能的发展顺序

语言发展表现为幼儿对语言的理解和交流的过程,语言能力的发展比任何其他能力都更能反映大脑的成长和成熟。从出生到 5 岁,孩子们的语言能力发展迅猛。5 岁以后,大多数孩子学习语言就会变得比较困难,这也就是为什么我们要强调早期阅读教育的重要性。然而,儿童达到语言发展的每个里程碑的时间和速度存在很大的差异。因此,当我们观察和评价幼儿语言能力时,切记不能将某个幼儿的发展与其他幼儿进行比较。一般来说,女孩的语言能力要比男孩发展得更快。

图 12-2 描述了语言发展的两个维度,语言包括口语和书面语言两种形式,他们又可以分为接受性语言和表达性语言两个层面。接受性语言(理解语言的能力)通常比表达性语言(交流能力)发展得更快。在语言发展中,孩子们首先发展口语,从喃喃自语到开始模仿成人语言表达的方式和节奏,之后逐渐开始说单个词汇,然后将单个词汇连在一起,形成双字词、短句、长句等。幼儿先要理解语言,然后才是使用语言进行交流。具有良好口语能力的幼儿,也会更容易掌握阅读和写作技巧。

	语言理解	语言表达
口语	听	说
书面	读	写

图 12-2　语言发展的两个维度

二、幼儿语言能力的发展

我们结合婴幼儿各方面的语言发展特征,总结了 6 个月～6 岁婴幼儿语言发展的特点(见表 12-1)。我们分别对婴幼儿在听力、词汇、语言表达和语言理解四个发展方面加以总结,并给教师和家长提出了相应的建议。

表 12-1 婴幼儿语言能力发展特点（6个月~6岁）

年龄	听力	词汇	语言表达	语言理解	建议
0.5~1岁	• 能够注意声音和语音； • 能够识别面部表情和语调。	• 宝宝的喃语，如 da-da； • 随着声音的方向可以转头； • 能够识别一些常见物体。			• 多与宝宝语言交流，身体抚摸和拥抱，提高宝宝的安全感； • 训练宝宝发声。
1~2岁	• 能够对大人的动作命令和自己的名字做出反应； • 能够理解某些手势的含义，如再见。	• 开始叫妈妈、爸爸； • 能够配合成人的命令； • 能够识别更多的常见物体。		• 能够理解成人语言中的重点词汇。	• 多与宝宝语言交流，身体抚摸和拥抱，提高宝宝的安全感； • 要尽可能多地为孩子提供语言交流机会，如对话、讲故事。

续表

年龄	听力	词汇	语言表达	语言理解	建议
2~3岁	• 能够理解两个动作的语句，如"过来，穿衣服"； • 能够指出身体的主要部位、衣服、玩具、食品等。	• 能够完成成人的动作要求，如"过去，喝奶"等； • 到2岁时，口语词汇可以达到200~300个； • 到3岁时，口语词汇可以达到1000个。	• 能够说出包含2~3个词汇的短句，但只是说出重点词汇，句子还不够完整。	• 能够理解位置概念，如上、下、里、外、上面、底下、打开、关上等； • 大小概念，如大、小； • 数字：1~5； • 其他：停、走、开始、大、声点儿、重、轻、快、慢、热、冷等； • 简单的颜色、形状，如红色、绿色、方形、三角形； • 开始提问：这是什么，在哪里等简单问题。	• 多与宝宝语言交流，身体抚摸和拥抱，提高宝宝的安全感； • 要尽可能多地为孩子提供语言交流机会，如对话、讲故事； • 开始让孩子了解图书，阅读绘本等； • 鼓励孩子多与其他小朋友交流，一起做游戏。
3~4岁	• 能够理解三个动作的语句； • 能够理解更加长和复杂的语句。	• 到4岁时，口语词汇可以达到1500个。	• 能够说出3~4个词汇的短句； • 能够说明他人在做什么； • 能够解释简单的活动； • 开始使用主语、动词及副词等，句子表达慢慢趋于完整。	• 理解更多概念： • 位置：前、后、左、右； • 大小：长、短； • 数字：1~10； • 颜色：更多的颜色； • 形状：更多的形状； • 会提问：如是谁，为什么，怎么等问题。	• 鼓励孩子多与其他小朋友交流，一起做游戏； • 了解生活习惯、规则，服从规则，听从老师的指令。

续表

年龄	听力	词汇	语言表达	语言理解	建议
4~5岁	• 能够听懂其他人的对话。	• 词汇量继续扩大，理解颜色、形状； • 能够排序、分类等（如食品、动物）。	• 能够说出4~5个词汇的短句； • 能够表达得更加准确，区分他的、我的、你的、他们的等； • 能够比较大小； • 会使用复合句，如"因为……所以……"等； • 会使用很、非常等修饰词。	理解概念： • 位置：周围、之间、下一个、旁边等； • 大小：胖、瘦、高、矮、薄、厚； • 量词； • 提问：多、少、一对儿、怎么、为什么的问题。	• 鼓励孩子多与其他小朋友交流，一起做游戏； • 了解生活习惯、规则，服从规则，听从老师的指令； • 鼓励孩子多看、多说，语言表达要逐步完整。
5~6岁	• 能够听懂其他人的对话； • 能够听懂多步骤的指导语； • 词汇理解力进一步提高。	• 词汇量继续扩大。	• 能够说出更加复杂的语句； • 能够表演故事中的情节； • 能够讲解某物体的多个特性。	理解概念： • 量词；了解奇数、偶数等； • 颜色：复合颜色； • 形状：立体形状。	• 鼓励孩子多与其他小朋友交流，一起做游戏； • 了解生活习惯、规则，服从规则，听从老师的指令； • 鼓励孩子多看、多说，语言表达要逐步完整。

三、为什么需要对幼儿语言能力进行测评

从20世纪90年代至今,幼儿心理和生理发展测评一直存在着两个方面的讨论。一方面,研究认为幼儿心理和生理发展测评目的是评估幼儿心理和生理的发展水平,包括幼儿身体发育、社会和情感能力以及幼儿认知能力发展水平。这类测评基于建构主义的学习理论,如皮亚杰和维果茨基的教育理论,核心观点是相信儿童可以通过经验构建知识,知识是通过已有的知识与现实世界情境的相互作用而形成的。以构建主义理论指导的教学方法也更加注重以儿童为中心的学习方法,如儿童自主活动、合作学习和动手实践等。另一方面,基于认知神经科学的研究强调儿童大脑发展的特性,关注大脑发展的可塑性和适应性以及发展的关键期理论。以大脑神经科学研究为基础的教学更看重儿童能力的培养,更多的是以教师为中心的教学。事实上,幼儿心理和生理发展测评既要对幼儿心理和生理发展水平进行评估,同时也要评估幼儿的能力发展,两者要兼顾;一个好的幼儿心理和生理发展测评体系,不仅让我们了解幼儿的生理发展、社会情感以及认知能力的发展,同时还要给幼儿园的教学提供指导。

(一) 幼儿语言能力测评的目的

幼儿语言能力测评有以下两个主要目的:

(1) 能够尽早发现幼儿语言能力发展存在的问题,早发现就可以尽早开展语言能力恢复的干预项目,帮助幼儿尽早赶上正常儿童的语言发展水平;

(2) 系统地收集和分析幼儿语言能力发展的状态,以便更好地引导幼儿进一步发展语言能力。

幼儿语言能力测评非常重要,因为它为教师提供了幼儿是否达到生理和心理发展的目标的依据,测评使教师能够确定学生对课程学习目标的理解和掌握程度,提供了学生学习效果的证据。

测评是重要的教学评估手段,图12-3描述了幼儿能力测评与教学的关系。①教师在教学过程中,要注意观察和倾听幼儿的语言活动,评估幼儿语言能力的发展水平,并做出相应的记录;②将幼儿的活动记录与幼儿能力发展标

准相对应，评估幼儿语言能力的发展与进步；③同时安排时间对幼儿语言能力发展做出标准化的测评，结合标准化和非标准化测评结果分析，评价幼儿语言发展水平；④根据测评的结果，教师与幼儿园管理者共同讨论、计划和设计新的教学安排、交互活动以及相应的教学材料。

- 根据测评的结果，计划和设计新的教学活动、交互活动以及教学材料。
- 观察和倾听幼儿的活动，评估幼儿知识和能力的发展水平。
- 结合标准化和非标准化测评结果，分析和评价幼儿的表现。
- 记录幼儿的行为表现，评估幼儿的发展与进步。

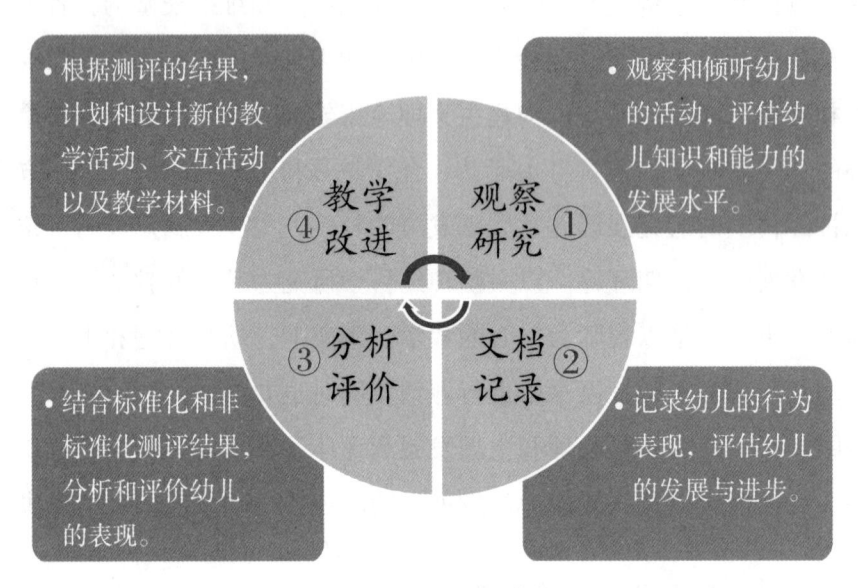

① 观察研究　② 文档记录　③ 分析评价　④ 教学改进

图 12-3　幼儿测评与教学的关系

（二）如何选择正确且有效的测评工具

一个良好的幼儿早教计划需要持续评估儿童的进步，确保孩子们已经习得目标技能，为上学做好了准备。评估幼儿语言发展的测评工具主要有两种类型：筛选工具和测评工具。筛选工具是大面积的、初步的测试，其目的是确定幼儿的技能发展是否符合预期，如果没有达到预期的目标，则需要做进一步的评估；测评工具可持续识别儿童的独特优势和需求，测评的结果可以帮助老师了解教学质量，并对教学策略做出相应的调整。测评的工具有很多，选择对的测评工具、有效的测评工具，才能达到我们期待的测评目的。

选择正确且有效的测评工具必须考虑的关键因素如下：

- 实施测评人员的资格；

- 培训要求；
- 测试成本；
- 便于使用；
- 明确测评工具的目的（筛选与测评）；
- 与教学相匹配；
- 适合被测试的人群；
- 工具的可靠性和有效性。

很多教育机构的老师喜欢选择易于使用且成本相对较低的测评工具，但是这类测评工具往往缺乏可靠性和有效性。除此之外，如果我们想了解婴幼儿语言能力的发展，还要考虑一些因素，例如，在婴幼儿阶段，语言测评的标准化是有难度的，需要依赖家长和教师的一些主观评估（这属于非直接评估）。

首先我们要了解测验的目的。例如，家长问卷可以是最初的筛选评估工具，如果发现幼儿有某些语言障碍，一定还要配合其他的筛选测验，进一步确定幼儿的语言障碍/困难的问题所在。

选择测评工具还要考虑测评设计者的初衷，如果该测评是以筛选为目的，那么最好按照原设计者的目的来使用该测评工具。这样它的可靠性和有效性都会得到保证。

所有测评工具的使用都需要对施测人员进行培训。如果没有经过培训，施测者之间的评估差异是很大的，有的偏宽松，有的偏严格，这些都会影响对孩子语言能力的准确评估。

对测评结果的解释也同样重要。孩子越小，他们的发展差异就越大，对低龄幼儿的行为观察往往很难准确预测几年后的发展情况，因为幼儿技能的发展不是简单的线性过程。

对幼儿语言能力的测评，不是为了将孩子与其他孩子进行比较。孩子的语言发展存在巨大的个体差异，测评的目的是要了解每个孩子的语言能力发展与进步。

（三）语言测评工具的类型

1. 测评的类型

测评包括各种形式，如标准化测评和非标准化测评。标准化测评侧重发现个体差异；而非标准化测评注重个体自身发展中各个方面的进步或发展细节。

标准化测评方法是系统的、预先计划好的且基于数据的测试，用于衡量学生知识和技能的发展。标准化评价方法注重幼儿对学习内容及技能的掌握程度，可用于与某些标准进行比较。例如，标准化测试、成就测试、能力测试等。标准化测试的结果可以回答这些问题：学生的学业水平、学生的技能发展水平，能够衡量学生对预期内容的了解、学生是否达到了学习目标。测评结果可与标准化测试中的常模进行比较。

非标准化测评方法是自发的测评形式，可以很容易融入日常的课堂活动，衡量学生的表现和进步。如课堂的观察记录、评定量表、时间抽样、事件抽样、轶事记录等。非标准化测评可以即时、有效地对幼儿行为表现进行评价。但非标准化评价方法通常采用问卷或观察记录的形式，会存在主观性、公平性、公正性的问题。所以在设计非标准化评价时，要注意给幼儿提供平等的测评机会、有明确的评分标准、测评流程及相应的标准化的指导语等。

两者各有优势，相互补充，每一种测评方法都有其特有的目的，但非标准化测评不能取代标准化评价方法。例如，如果我们想要评估学生的学业成绩及技能发展，可以使用标准化测评方法。如果我们想要通过测评监控学生的进步，或者通过测评改进教学，可以使用非标准化评估。在幼教系统中，两者要兼顾使用，在学期开始或结束时，可以使用标准化测评，掌握幼儿整体的发展状况；在日常，要对幼儿的进步随时进行观察和记录，随时对幼儿的教学活动进行调整。

2. 幼儿的语言能力测评

幼儿的语言能力测评有很大不同。最大的不同在于幼儿的语言能力正处于快速发展阶段，每个年龄之间都存在着巨大的差异。幼儿语言能力的获得是通过与他人的互动、交流——幼儿通过讲故事、绘本阅读、角色扮演、谈话和唱歌等活动，在倾听、交流、互动中获得听、说、读、写的能力。因此，对幼儿语言能力发展的测评就需要一些非传统的测评方式。

幼儿语言能力测评还具有极大的挑战性，因为幼儿语言能力发展迅速且不平衡，具有**偶然性**，受环境的高度影响。正在发育的孩子表现出两种状态兼而有之：快速成长和停滞状态。幼儿在口语、书面语等各个领域的发展速度不均，而且每个孩子都有独特的发展速度。此外，孩子的家庭、文化和经验背景也不尽相同。显然，这些因素意味着"一刀切"的测评一定存在着不足之处。

对幼儿语言能力测评的另一个挑战是**时间**。对幼儿的测评实施都是一对一的，在施测过程中，一个孩子的注意力时间往往很短，因此对幼儿的测评需要多次才可以完成。这就需要教师充分、有效地安排每日时间，既要完成幼儿的测试，又要完成既定的教学活动。幼儿语言能力的测评对阅读教学质量的评估有着非常重要的意义。

要解决以上的问题，最好的办法就是采用多种测评方式，在幼儿教育阶段建立一套完整的测评体系，为每个幼儿建立个人语言发展档案。个人语言发展档案是一种灵活且适应性强的综合评价手段，它收集了幼儿多方面的资料，包括孩子的各种作品、表演活动等，显示了孩子学习的多方面成就。

在日常的教学活动中，教师要仔细观察并记录幼儿的行为表现，包括幼儿的语言表达、与其他小朋友的交互活动以及与教师和家长的互动等，通过有效、可靠的测评工具将这些内容记录在案，可以一年测1~2次。教师要根据幼儿各方面的表现做出分析和评价，一方面为每个幼儿的发展进步做出评价，与家长分享结果，鼓励家长与幼儿园携手合作；另一方面根据幼儿测评的结果，教师可以计划和设计新的教学活动以及教学材料改进已有的教学。

四、幼儿语言能力测评测什么

幼儿语言能力测评包括：

- 教师日常对幼儿语言活动的调查；
- 教学过程中对幼儿语言活动的观察（教师记录）；
- 家庭环境及幼儿语言活动的调查（家庭问卷）；

- 幼儿口语词汇测评；
- 幼儿语言理解能力测评；
- 幼儿语言表达能力测评。

（一）教师日常对幼儿语言活动的调查

若想通过教师的观察来评估幼儿语言能力的发展，需要设计一个教师的评估表（见表12-2），这属于非标准化测评。婴幼儿的语言能力发展分为四个阶段：反应阶段（0.5~2岁）、探索阶段（2~3岁）、发展阶段（3~4岁）、整合阶段（4~6岁），在每个阶段将儿童的表现分三个水平记录在表格中：3-优秀（完全符合）；2-良好（基本符合）；1-需再努力（不符合）。教师可以根据幼儿语言能力发展的特点，对每一个幼儿的语言能力进行评估，每年两次，这样就可以连续跟踪每个幼儿的语言发展进程。

表12-2 日常幼儿语言活动调查表 [1]

姓名：	出生年月：		评估时间：	评估教师：	
语言能力	发展水平				附加说明
	反应阶段（0.5~2岁）	探索阶段（2~3岁）	发展阶段（3~4岁）	整合阶段（4~6岁）	
听力					
词汇					
语言理解					
语言表达					

（二）教学过程中对幼儿语言活动的观察：教师记录

用于教学过程观察的运行记录类似于轶事记录，教师以一个观察者的身

---

[1] 3-优秀（完全符合）；2-良好（基本符合）；1-需再努力（不符合）。

份，客观地叙述出孩子在特定时间段内（如 30 分钟）所做的一切和所说的一切。运行记录有助于分析孩子语言能力的发展或行为问题。运行记录也可以用来做阅读记录，如要求幼儿复述刚读过的绘本，教师可以记录下孩子在阅读过程中犯的错误，并给出综合评价。

我们以一个故事《早上好》为例，说明如何做记录（见表 12-3）、如何给记录评分。上课时教师可以请小朋友复述故事，将小朋友的复述情况做一个记录（运行记录）。小朋友复述故事，要侧重内容，复述的顺序要准确。如果小朋友不知如何开始，教师可以给些提示，如，书的最开始说什么了？下面发生什么了？能再多说一些吗？

表 12-3　课堂观察运行记录表

阅读观察记录	字数	错误阅读字数	自我纠正字数
小宝贝，早上好！			
大黑，早！			
妈妈，早上好！			
爸爸，早上好！			
快点儿，快点儿！			
再见！			
合计			

运行记录评分标准
正确阅读字数 = 总字数 − 总的错误字数； 阅读准确率 = 正确阅读字数 / 总字数； 如：总字数 30，总的错误字数 2，阅读准确率 =（30−2）/30≈93%。 自我纠正率 = 自我纠正字数 /（总的错误字数 + 自我纠正字数）； 如：自我纠正字数 1，自我纠正率 =1/（2+1）≈33%，在三个错误中，自我纠正一个错误。

(三)家庭环境及幼儿语言活动的调查:家庭问卷

父母最了解孩子在家中的表现,包括家里的阅读环境、父母的经济收入、图书量、阅读习惯、语言表达等。家庭问卷收集有价值的信息以及成人与孩子的家庭活动等,问卷可以由多选题或者由开放式问题组成。

若想要了解幼儿在家里的阅读习惯及口语能力的发展,我们可以设计一个家长问卷,它属于非标准化测评。

家庭问卷

1. 如果要给孩子读书,您和家人在孩子几岁时开始给他/她读书?
   □ 0~1岁　　□ 1~2岁　　□ 2~3岁
   □ 3~4岁　　□ 4岁以后

2. 孩子在家时会自己主动看书吗?
   □ 几乎不　　□ 偶尔　　□ 有时　　□ 经常　　□ 非常频繁

3. 您和家人经常与孩子进行语言交流吗?
   □ 几乎没有　□ 偶尔　　□ 有时　　□ 经常　　□ 非常频繁

4. 您觉得孩子的阅读能力如何?
   □ 很低　　□ 比较低　　□ 平均水平　　□ 比较高　　□ 很高

5. 您觉得孩子会说的词汇多吗?
   □ 很少　　□ 比较少　　□ 平均水平　　□ 比较多　　□ 很多

6. 与同龄孩子相比,您觉得孩子语言表达的贴切程度如何?
   □ 很差　　□ 比较差　　□ 一般　　□ 比较好　　□ 很好

(四)幼儿口语词汇测评

若想了解幼儿的口语词汇量,我们可以设计一个标准化测验——测量出3~5岁儿童的命名正确率,通过这个测试我们可以分析幼儿口语发展的情况,并对阅读教学提出指导性的建议,如图12-4(关于图片命名测验的具体内容可见本书第2讲)。

图 12-4　图片命名测验示例

（五）幼儿语言理解能力测评

幼儿语言理解能力包括对词汇、语句信息意义的捕捉和对概念的理解。对词汇的理解，我们可以通过四选一的方式，让小朋友选出能够正确表达目标词汇意义的选项；对语句信息的理解，同样可以用四选一的方式考查幼儿的语句理解；语言理解能力对沟通非常重要，有理解困难的孩子无法明了老师或家长给出的要求或指导，理解困难往往会导致注意力或听力或行为方面的问题。幼儿语言理解能力会受以下因素的影响：

- 注意力：对某一件事的持续关注力；
- 非语言交流技能：非语言文字的交流方式，如手势、面部表情、模仿、目光接触等；
- 社交技能：与他人的互动、沟通、妥协、认识和遵守规范的能力；
- 参与度：参与活动的愉悦感。

（六）幼儿语言表达能力测评

幼儿语言表达能力是使用口语词汇、句子、手势和书写向他人传达意义和信息的能力。如能够在环境中标记物体；描述动作和事件；用恰当的词汇、句子、正确语法来表达，如对话、复述故事、回答问题或编写故事等。在语言表达的测评中,我们可以让幼儿讲解无字图画书,考查幼儿的语言表达能力。幼儿语言表达能力非常重要,因为孩子要能够表达自己的需要、想法和观点,同时能够用书面语言的形式与他人互动。幼儿语言表达能力受以下几个方面因素的影响:

- 幼儿语言理解能力:对语言的理解;
- 注意力:对某一件事的持续关注力;
- 非语言交流技能:非语言文字的交流方式,如手势、面部表情、模仿、目光接触等;
- 参与度:参与活动的愉悦感;
- 语言的应用能力:在不同情景下使用语言的能力;
- 动机:与他人交流的愿望;
- 精细动作技能:能够使用其他形式来表达语言,如签名、写字等。

语言的测评包括标准化和非标准化测评两种形式。一个有效的幼儿语言能力测评是评估幼儿语言能力发展、监测幼教教育质量的重要手段。幼儿教育计划的实施都需要一个良好测评系统的支持。测评结果会为教师提供有关幼儿发展的特点信息,包括非常个性化的信息,这些都会帮助教师和家长更好地了解幼儿的发展,同时也有助于及时调整相应的教学计划和教学活动。同时,幼儿语言能力的测评结果也有助于幼儿园对教学信息的有效管理。

参考文献

[1] 李文玲，舒华. 优质幼儿园课程建设：理念与教学实践 [M]. 北京：北京师范大学出版社，2011.

[2] 李文玲，舒华. 儿童阅读的世界Ⅰ：早期阅读的心理机制研究 [M]. 北京：北京师范大学出版社，2016.

[3] 李文玲，舒华. 儿童阅读的世界Ⅱ：早期阅读的生理机制研究 [M]. 北京：北京师范大学出版社，2016.

[4] 李文玲，舒华. 儿童阅读的世界Ⅲ：让孩子学会阅读的教育理论研究 [M]. 北京：北京师范大学出版社，2016.

[5] 李文玲，舒华. 儿童阅读的世界Ⅳ：学校、家庭与社区的实践研究 [M]. 北京：北京师范大学出版社，2016.

[6] 宋爽. 汉语儿童早期语言对阅读能力的预测作用——遗传机制与神经基础 [D]. 北京：北京师范大学博士学位论文，2017.

[7] ANASTASI A. Psychological testing [M]. 7th edition. Pearson Education, 1996.

[8] ANDERSON R C, KU Y-M, LI W, et al. Learning to See the Patterns in Chinese Characters [J]. Scientific studies of reading, 2013, 17(1):41-56.

[9] ARNOLD D H, LONIGAN C J, WHITEHURST G J, et al. Accelerating language development through picture book reading: Replication and

extension to a videotape training format [J]. Journal of Educational Psychology, 1994, 86(2):235-243.

[10] BENTLEY D F. Everyday Artists: Inquiry and Creativity in the Early Childhood Classroom [M]. New York: Teachers College Press, 2015.

[11] BRADLEY L, BRYANT P E. Rhyme and Reason in Reading and Spelling [M]. University of Michigan Press, 1985.

[12] BRENNEMAN K, LANGE A A, MANO H. Teaching STEM in the Preschool Classroom: Exploring Big Ideas with 3- to 5-Year-Olds [M]. New York: Teachers College Press, 2019.

[13] COHEN L E, WAITE-STUPIANSKY S. STEM in Early Childhood Education: How Science, Technology, Engineering, and Mathematics Strengthen Learning [M]. Routledge, 2020.

[14] DUFF F J, REEN G, PLUNKETT K, et al. Do infant vocabulary skills predict school-age language and literacy outcomes? [J]. Journal of Child Psychology & Psychiatry, 2015, 56(8):848-856.

[15] ENNIS R. Critical Thinking: Reflection and Perspective Part I [J]. Inquiry: Critical Thinking Across the Disciplines, 2011, 26(1):4-18.

[16] ENNIS R H. A taxonomy of critical thinking dispositions and abilities [A]. In J. B. Baron & R. J. Sternberg (Eds.), Teaching thinking skills: Theory and practice (pp. 9–26). New York: W. H. Freeman and Co, 1987.

[17] ERGÜL N R, KARGIN E K. The Effect of Project based Learning on Students' Science Success [J], Procedia-Social and Behavioral Sciences, 2014, 136:537-541.

[18] GEIKEN R, ESCALADA L, VAN MEETEREN B, et al. STEM Learning with Young Children: Inquiry Teaching with Ramps and Pathways [M]. New York: Teachers College Press, 2016.

[19] HAO M, LIU Y, SHU H, et al. Developmental changes in the early child lexicon in Mandarin Chinese[J]. Journal of Child Language, 2015, 42(3):505-537.

[20] HAO M, SHU H, XING A, et al. Early vocabulary inventory for Mandarin Chinese [J]. Behavior Research Methods, 2008, 40(3):728-733.

[21] HART B, RISLEY T R. Meaningful Differences in Everyday Experience of Young American Children [M]. Brookes Publishing Company, 1995.

[22] HEALTH N, NETWORK H. The Relation of Child Care to Cognitive and Language Development [J]. Child Development, 2010, 71(4):960-980.

[23] Institute of Medicine and National Research Council. Transforming the Workforce for Children Birth Through Age 8: A Unifying Foundation [M], Washington: The National Academies Press, 2015.

[24] JAEGER E. Child-Care Structure→Process→Outcome: Direct and Indirect Effects of Child-Care Quality on Young Children's Development [J]. Psychological Science, 2002, 13(3):199-206.

[25] KUHN D. Thinking as Argument [J]. Harvard Educational Review, 1992, 62(2):155-179.

[26] KUHN D. A Developmental Model of Critical Thinking [J]. Educational Researcher, 1999, 28(2):16-46.

[27] LI W, ANDERSON R C, NAGY W E, et al. Facets of Metalinguistic Awareness that Contribute to Chinese Literacy [A]. In W. Li, J. Gaffney, and J. Packard (Eds.), Chinese Language Acquisition: Theoretical and Pedagogical Issues. Amsterdam: Kluwer Academic Publishers, 2002.

[28] LI W, GAFFNEY J S, PACKARD L J. Chinese Language Acquisition: Theoretical and Pedagogical Issues [M]. Amsterdam: Kluwer Academic Publishers, 2002.

[29] LIU Y, HAO M, LI P, et al. Timed Picture Naming Norms for Mandarin Chinese [J]. PLoS ONE, 2011, 6(1):e16505.

[30] MASHBURN A J, PIANTA R C, HAMRE B K, et al. Measures of Classroom Quality in Prekindergarten and Children's Development of Academic, Language, and Social Skills [J]. Child Development, 2008, 79(3):732-749.

[31] MUELLER J J, FILE N. Curriculum in Early Childhood Education: Re-Examined, Rediscovered, Renewed [M]. Routledge, 2019.

[32] MULLIS I V S, MARTIN M O. PIRLS 2021 Assessment Framework [M]. International Association for the Evaluation of Educational Achievement, ERIC. ED606056, 2019.

[33] National Assessment Governing Board. Reading Framework for the 2013 National Assessment of Educational Progress [J]. ERIC. ED542063, 2012.

[34] PAUL R W. Critical Thinking: What Every Person Needs To Survive in a Rapidly Changing World [J]. Foundation for Critical Thinking, 2012.

[35] PETERSON C, JESSO B, MCCABE A. Encouraging narratives in preschoolers: an intervention study [J]. Journal of Child Language, 1999, 26(1):49.

[36] PIANTA R C, NIMETZ S L, BENNETT E. Mother-child relationships, teacher-child relationships, and school outcomes in preschool and kindergarten [J]. Early Childhood Research Quarterly, 1997, 12(3):263-280.

[37] RAJAN V, KONISHI H, RIDGE K, et al. Novel word learning at 21 months predicts receptive vocabulary outcomes in later childhood [J]. Journal of Child Language, 2019, 46(4):1-15.

[38] ROE B, BURNS P C. Informal Reading Inventory: Preprimary to Twelfth

Grade [M]. 8th Edition. Wadsworth Cengage Learning, 2011.

[39] ROWE V, TRIANTAFYLLAKI A, PACHET F. Children's Creative Music-Making with Reflexive Interactive Technology: Adventures in improvising and composing [M]. Routledge, 2018.

[40] SANDI C, MEYER R R, BARBARA P C, et al. Selecting Quality Picture Books for Mathematics Instruction: What Do Preservice Teachers Look For? [J]. Children's Literature in Education, 2018:1-15.

[41] SCARBOROUGH H S. Very Early Language Deficits in Dyslexic Children [J]. Child Development, 1990, 61(6):1728-1743.

[42] SCARBOROUGH H S, DOBRICH W. Another Look at Parent-Preschooler Bookreading: How Naked Is the Emperor: A Response to Lonigan (1994) and Dunning, Mason, and Stewart (1994) [J]. Developmental Review, 1994a, 14(3):340-347.

[43] SCARBOROUGH H S, DOBRICH W. On the Efficacy of Reading to Preschoolers [J]. Developmental Review, 1994b, 14(3):245-302.

[44] SCHUELE C M, RICE M L, WILCOX K A. Redirects: a strategy to increase peer initiations [J]. Journal of Speech & Hearing Research, 1995, 38(6):1319-1333.

[45] SHU H, ANDERSON R C. Learning to read Chinese: The development of metalinguistic awareness [A]. In J. Wang, A. W. In hoff, & H.-C. Chen (Eds.), Reading Chinese script: A cognitive analysis (pp. 1–18). Lawrence Erlbaum Associates Publishers, 1999.

[46] SHU H, CHEN X, ANDERSON R C, et al. Properties of school Chinese: Implications for learning to read [J]. Child Development, 2003, 74: 27-47.

[47] SHU H, LI W, KU Y. The role of home literacy environment in learning to read Chinese [A]. In W. Li, J. Gaffney, and J. Packard (Eds.), Chinese

Language Acquisition: Theoretical and Pedagogical Issues. Amsterdam: Kluwer Academic Publishers, 2002.

[48] SHU H, MCBRIDE-CHANG C, WU S, et al. Understanding Chinese developmental dyslexia: Morphological awareness as a core cognitive construct [J]. Journal of Educational Psychology, 2006, 98(1):122-133.

[49] SNOW C, BURNS S, GRIFFIN P. Preventing reading failure in young children [M]. National Academy Press, ERIC. ED416465, 1998.

[50] SONG S, SU M, KANG C, et al. Tracing children's vocabulary development from preschool through the school-age years: an 8-year longitudinal study [J]. Developmental Science, 2015, 18(1):119.

[51] STEPHANIE B. Project-Based Learning for the 21st Century: Skills for the Future [J]. The Clearing House: A Journal of Educational Strategies, Issues and Ideas, 2010, 83(2):39-43.

[52] VALDEZ-MENCHACA M C, WHITEHURST G J. Accelerating language development through picture book reading: A systematic extension to Mexican day care [J]. Developmental Psychology, 1992, 28(6):1106-1114.

[53] WHITEHURST G J, ARNOLD D S, EPSTEIN J N, et al. A picture book reading intervention in day care and home for children from low-income families [J]. Developmental Psychology, 1994, 30(5):679-689.